Wayo Konodai Girl's Junior High School

和やかにして　洋々たる

和洋

県内でも有数の特色ある英語教育

高い英語力を身に着け、世界を舞台に活躍できる人材を育てるために、冬休みには1～3年が参加できるオーストラリア姉妹校の教師による合宿や、中3の夏休みには英国村語学研修と3月にはイギリスへの8泊の研修旅行を用意しています。

英語を母国語とした外国人講師との会話や生活体験を通して、これからの時代に必要とされる国際人としての素養を磨きます。

実験・観察を重視した理科教育

中学生の理科の授業は週4時間。そのうち週2時間は各クラスとも身近な自然を利用した「実験・観察」の授業を行います。

理科実験室は理科1分野・2分野2つの実験室を用意し、実験室には剥製(はくせい)・標本、動植物など学習教材も豊富に取りそろえてあります。同時に、課題研究に取り組むことで、探求方法を学習し科学的思考力や応用力を養います。

《学校説明会》

第4回11月12日(土)
1回目　10:00～
体験教室 2科
2回目　14:00～

第5回12月10日(土)
1回目　10:00～
体験教室 2科・4科
2回目　14:00～

※詳細はHPをご覧ください。

鮮やかな色のバスが、生徒の安全を守って走ります。

スクールバス運行
松戸駅/北国分駅　⇔　本校
市川駅/市川真間駅　⇔　本校

和洋国府台女子中学校

http://www.wayokonodai.ed.jp/

〒272-0834　千葉県市川市国分4-20-1　Tel:047-374-0111

バイオ関係の仕事を目指す私にとって、理系環境の充実度には満足しています。

東農大一中で特徴的といえば、実験を重視する理科だと思います。教科書で学ぶのではなく、"実際にやってみて学ぶ"というところが、一番の特徴であり、良いところだと言えます。

とにかく実験が多く、中1の授業では、動物や魚の解剖に挑戦したり、染色体を観察したりしました。先生も「東農大一中ならではの理科」とか「自分たちで考えて進める実験」だと、よくおっしゃっています。

毎回実験のレポート提出は大変ですが、やっていて面白いし、この学校に入学して良かったと実感しています。

入試直前
必勝ガイド

CONTENTS

Jump!!!

受験票

何校か受験をする場合は他校の受験票とまちがわないように気をつけてください。受験票や学校資料はクリアケースなどに入れて分別しておくと便利です。受験票は忘れてはならないものですが、万が一、紛失したり忘れてしまっても試験は受けられます。受付で事情を説明して落ちついて行動してください。

試験持ちもの

入学試験に必要なものは、事前にそろえておきましょう。忘れ物をしないようにしっかり準備をして、余裕をもって試験にのぞんでください。ここでは、とくに必要不可欠な入試グッズを紹介します。ただし、学校によっては試験会場に筆記用具以外の持ちこみをしてはいけない場合もあるので、よく確認してください。

消しゴム

消しゴムは予備も含めて２～３個用意します。ゴムが硬すぎると文字を消すときに試験用紙が破れることがあるので、良質のものを選んでください。カスがまとまりやすいものにも注目してください。

メモ用紙

電車の時刻など、その日のスケジュールを記入しておく際に使います。また、控え室では１科目ごとに問題と解答が掲示されることが多いので、書き取っておくとよいでしょう。

筆記用具

鉛筆はＨＢを６～８本持っていきます。鉛筆削りもあるとよいでしょう。シャープペンシルは２～３本。替え芯を確認しておきます。輪ゴムでひとまとめにしておくと机の上で転がりません。

上ばき

いつも学校ではいている上ばきで大丈夫です。きれいに洗って清潔なものを用意してください。スリッパは避けた方が無難でしょう。

ティッシュペーパー

ティッシュペーパーは鼻紙として使う以外にも、机がガタつくときに机の下にはさんだり、消しゴムのカスなどゴミを捨てるときにも使えます。

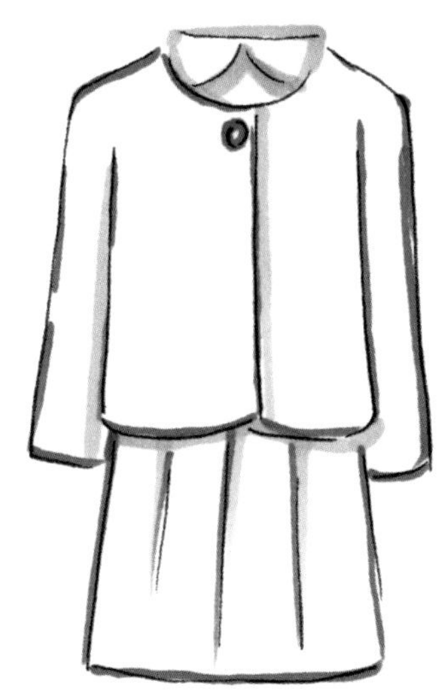

腕時計

腕時計は計算機能のついていないものを持っていきます。電池を確認して、アラーム機能のあるものは鳴らないようにしてください。学校によっては持ちこんではいけないところもあります。

三角定規・コンパス

三角定規やコンパスといった文房具は、学校から持ちものとして指定されることがあります。逆に、持ちこみを禁止する場合もありますので、各学校の持ちものを確認してください。

ハンカチ・タオル

ふだん使っているものを用意します。トイレでのお手ふきのほかにも、雨や雪でぬれた衣類や持ちものをふくのに使います。新品であれば、一度洗っておくと水分の吸収がよくなります。

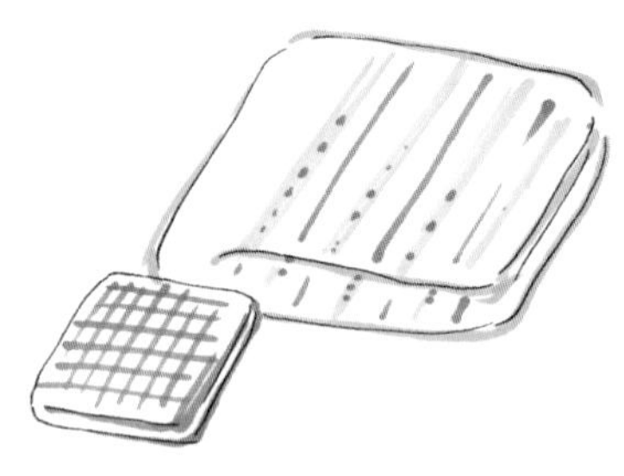

大きめのカバン

マフラーなどの小物がすっぽりと入るようなカバンを用意しましょう。また、ファスナーがついて口が開かないタイプを選べば、中身が飛びでてしまったり、雨や雪で中身がぬれる心配がありません。

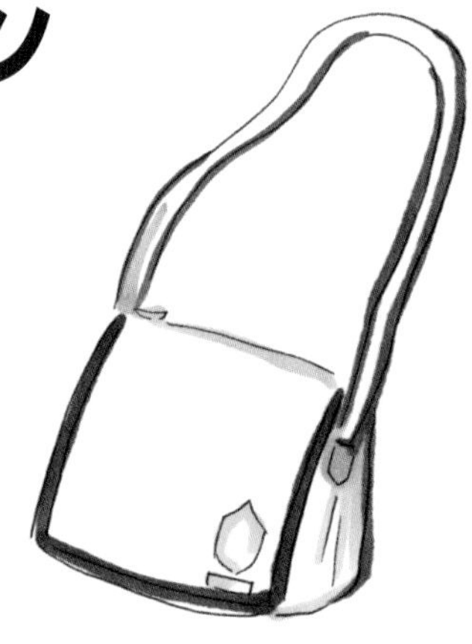

お弁当

午後にも試験や面接がある場合に用意します。汁がでないもので、消化がよいおかずを選びます。緊張して食が進まないときは、食べやすいようにひと口サイズに。

カイロ

寒い日には手軽に温まることができる携帯用カイロを持っていきます。貼るタイプのものから、足の裏用まで種類も豊富です。熱すぎるときはカイロケースに入れると便利です。

ブラシ・手鏡

面接がある場合は、身だしなみを整えるために使います。洋服のホコリをとる小型のエチケットブラシもあると便利です。

飲みもの

温かい飲みものは、身体を温めて緊張をほぐす効果があります。のどが痛いときには、レモン湯にハチミツを入れたものが効果的です。カバンに入れやすい小型のマグボトルも便利です。

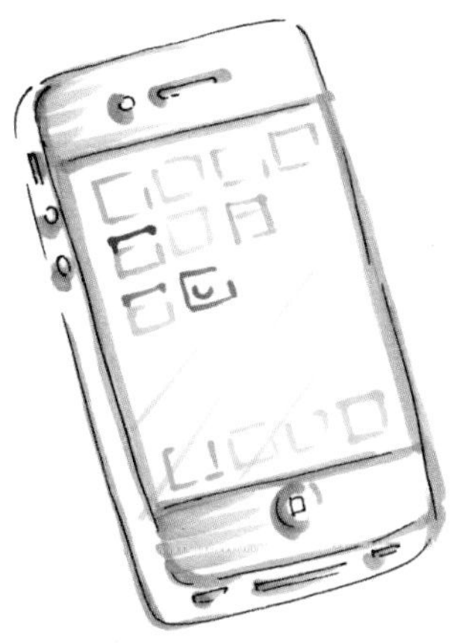

携帯電話

おもに保護者用です。緊急連絡などに使用します。試験会場には持ちこめません。マナーモードにしてまわりに迷惑にならないようにしてください。

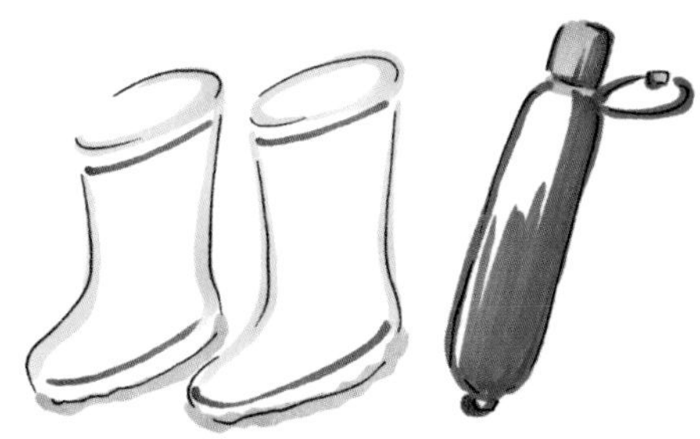

雨具

試験の当日に雨や雪が降ることも考えられます。防水性の靴や長靴を用意しておきましょう。また、ぬれたものを入れておくための少し大きめのビニール袋もあるとよいでしょう。

交通機関のプリペイドカード

切符売り場が混雑しているときでも、スムースに改札がとおれます。事前にカードの残高を確認して、チャージ（入金）しておいてください。

替えソックス

雨や雪で靴下がぬれてしまったときに、はき替えます。靴下がぬれたままでは試験に集中できませんし、風邪をひくこともあります。

お金

交通費などに使います。高額紙幣を使える自動券売機は少ないので、小銭を多く持っていくとよいでしょう。また、指定された文房具などを忘れてしまったときは、コンビニエンスストアで購入できます。

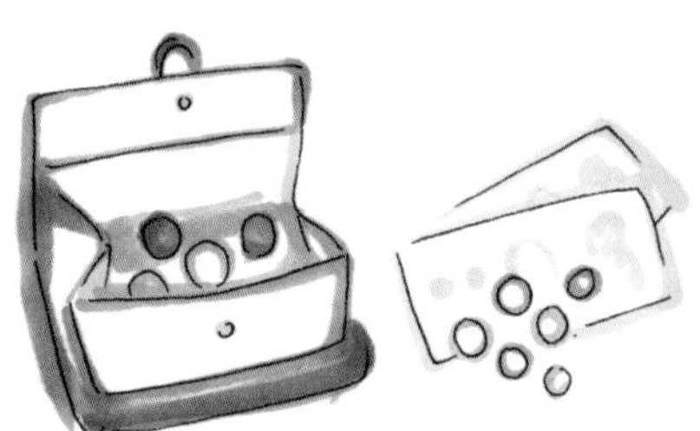

このほかにあると便利なもの

■**学校案内や願書の写し**
面接の際に持っていくと参考になります。

■**参考書**
緊張して落ち着かないときに開いてみましょう。

■**のど飴やトローチ**
のどの痛みがつらいときや、緊張で口のなかがかわいたときに。

■**マスク**
風邪をひいているときだけでなく、予防のためにも効果的です。

■**お守り**
これまで勉強してきた成果が発揮できますように。

《入試当日のチェックリスト》は、75ページを参照してください。

中学受験

いよいよゴールはそこに

入試直前の親力（おやぢから）

千葉、埼玉ではあと2カ月で入試が始まります。東京、神奈川でも追いかけるように2月1日、各校が受験生のために校門を開きます。まさにいよいよ正念場、保護者にとっても胃の痛むような時期に突入します。この本は、そんな保護者、受験生のために「入試直前期」にスポットをあてて編集されました。まずはこのコーナーで、入試直前、家庭でできる「最終コーナー」での成功ポイントを考えてみることにしました。

親が受験することはできない 最後の最後までサポートに徹して

いまこそ意識したいこと

中学受験の流れのなか、この入試直前期に保護者ができること、やってはいけないことを考えてみましょう。

中学受験は「親の受験」とも言われます。なにしろ12歳の子どもが挑むハードルです。保護者の協力なしに合格はありえないことから、こう言われています。

「親の受験」という側面があるからこそ、そこには落とし穴もあります。

子どもの自主性を尊重するといいながら、じつは、なんでも子どもの言いなりで、甘やかしてしまう家庭もでてきます。中学受験は、「合格」というゴールがはっきりしているだけに、それに向かって親が「脇目もふらず」「なりふりかまわず」になり、必要以上に子どもの「甘え」を許してしまう心配があるのです。とくに、この直前期に、それが顕著になってしまうご家庭があります。

その結果、家庭のなかの時間、空間のすべてが、「子どもが…、受験が…」となにをおいても優先になってしまい、はじめはわかっていたはずの、「中学受験をつうじてなにが得られるのか」が薄れていってしまうのです。

子どもが、中学受験の過程で大きな精神的成長を遂げてくれることが、中学受験の魅力のひとつです。

塾に通い始めたころは、友だちといっしょに遅くまで塾にいられることが楽しい、と遊び半分だったり、たんに「やりなさい」と言われたことを素直に聞いて勉強していたりと、まだまだ幼い印象だったはずです。

そんな受験生も、受験を間近に控えるころになると、社会的な問題に対しても意見を持つようになり、自分の将来を真剣に考え始めたりと、小学校の学校生活のなかでは見られなかったような成長を遂げます。

そして、これから受験までの日々、プレッシャーを一身に受けることで、さらなる成長を見せてくれるものです。

その成長こそが、最終的な合否にかかわらず、中学受験で得られる大きな魅力のひとつと言っていいでしょう。子どもに対する甘さは、この魅力を自ら放棄することにつながります。

子どもが自分でできることは最後まで自分でやらせる。自分で決められることは自分で決めさせる。保護者が道をつくってやるのではなく、あくまで子どものサポートに徹し、その精神的成長の過程を応援していくという態度が必要なのです。

家庭内での意思疎通

中学受験を成功に導く大きな要素のひとつは、親と子の意思疎通です。

中学受験においては、受験生本人の思いはもちろんのこと、親の思い、家族の思い、進学塾の先生の思いなど、さまざまな関係者の考えや愛情、情熱が交錯します。

ふだんから家族のなかで、それぞれが好き勝手な考えや主張を言い争っていたのでは、受験生本人はたまったものではありません。

本人の「幸せのため」という本質を忘れず、家族みんなの思いや考えをひとつにし、親子で多くの共通認識を持つための、意思疎通がとても大切です。

学力には、成績や数字などによって「目に見える学力」とそれ以外の「目に見えない学力」があります。じつは「目に見える学力」は、「目に見えない学力」に支えられているものです。

「目に見えない学力」を構成する要素には「親子の関係」「達成力」「学習意欲」「学習技術」などがあげられます。

このなかでも中学受験を推し進めていくのに大きな要素となるのが「親子の関係」だということを、この最終局面でこそ意識してください。

最終的に、受験をして「やるだけやった」「悔いはない」という達成感を本人が持つことができれば、もし仮に合格できなかったとしても、お子さんの将来に向けて、かならずプラスになります。

その達成感の醸成を、親と子のきずなでつくろうとする心がまえが必要というわけです。その心がまえがあれば、「もしも…」のときの心の持ちよう、お子さんへの声のかけ方も準備できるというものです。

笑顔で気持ちを前向きに

中学受験にかぎらず、家庭内の気持ちがいつも前向き、プラス思考であることは、かならずよい結果をもたらします。

では、気持ちを前向きにするにはどうしたらよいのでしょうか。

答えは簡単、「笑顔」です。

家族の「笑顔」があれば、関係するみんなが前向きな気持ちになれます。

家族全体が重い気持ちにもなりがちな試練に向かうなかで、いつも前向きな気持ちでいられるかというと、これはなかなか容易ではありません。しかし、それでも前に向かって進まなければなりません。受験本番へのカウントダウンはどんどん進んでいきます。

ここにきて、学習が順調でないと感じることもあるでしょう。そんなときこそ、まずお母さまが笑顔をつくって、お父さまは笑顔で塾への「お迎え」にでかけてください。お母さま、お父さまから、まず気持ちを楽しくしていくことが大切なのです。

保護者がいつも険しい顔をして、答案や偏差値表を開いていては、子どもは決して前向きな気持ちにはなれません。そのような家庭では、子どもはつぎへの発想が持てず、いまの勉強がつぎにつながることに気づきません。そんな状況では、最後の成績向上など望めたものではないのです。

保護者がいつもにこやかに接し、穏やかな顔をしているということは、子どもにとって居ごこちのよい家庭です。それがなによりのサポートになるのです。

ついつい「もう時間がない」「こんなことでどうする」となり、どうしても厳しい口調になってしまいがちです。そんなときこそ、自分を厳しく律して、まずは深呼吸、「子どもににこやかに接する」ことを実践してほしいのです。

難関を突破した子どもは、「親は勉強に口だしはほとんどしなかったけれど、勉強や息抜きの遊びにいつもつきあってくれた。それがあったから最後まで楽しかった」と笑顔で話してくれます。

甘やかさず 追いつめない

中学受験のゴールは「合格」にほかなりません。しかし、このゴールは、じつは通過点です。

中学受験のプロセスで、子どもは我慢も覚え、努力が成果に結びつくまでのつらさ、大変さ、その結果としての達成感も味わいます。また、競争のおもしろさを感じることもあれば、学ぶことそのものへの関心、意欲が高まります。

繰り返しになりますが、このような子どもの精神的な成長こそが、中学受験の大きな意義ではないでしょうか。

たとえ、第1志望の学校に合格しなかったとしても、「第1志望でない学校に進学する意味」や「不合格であったことの意味」をしっかりと受けとめ、「進む学校が第1志望」と気持ちを切り替え、つぎのステップに活かすことのできる人間に成長していれば、それこそが大きな成果といえます。

逆にいえば、すべて親の言いなりで、言われたことを、ただ従順にこなしてきた子どもは達成感も薄いものです。

そのような場合には大きな成長は望めず、たとえ、結果がよくても、素直に喜んでいいものか、考えさせられるところです。入学後に、伸び悩んだり、無気力になったりするのは、このようなタイプの子どもに多いからです。

直前期にあたって、家庭でのあるべき姿をまとめると、受験生を特別あつかいせず、自分でできることはすべて自分でやらせる姿勢を貫き、「絶対に○○中に」という無意味なプレッシャーをかけず、つねに前向きに応援し、サポートする姿勢を持ちつづけることです。

受験直前であっても、食事の配膳だけは最後まで「自分の仕事」としてやりつづけた、父親と朝の10分間散歩だけはつづけた、などという受験生が成功を手にしています。

「甘やかさず、追いつめない」という姿勢、親も子もいっしょに走りつづける、というスタンスが中学受験を成功に導くのです。

中学受験は「親の受験」と言われている、と冒頭で述べました。

これは、中学進学以降の高校受験や大学受験では、保護者がかかわっていく部分がほとんどなくなっていくからです。その意味で中学受験は、苦労が多いぶんだけ保護者にとっての「達成感」も大きなものがあります。「合格」は、心と身体が震えだすほどの感動です。

あと2カ月、「成功のイメージ」をいつも心に描き、胸に抱きながら、子どもと感動を分かちあうゴールへと突き進んでください。そのゴールは、もうすぐそこです。

考える生徒を育てます

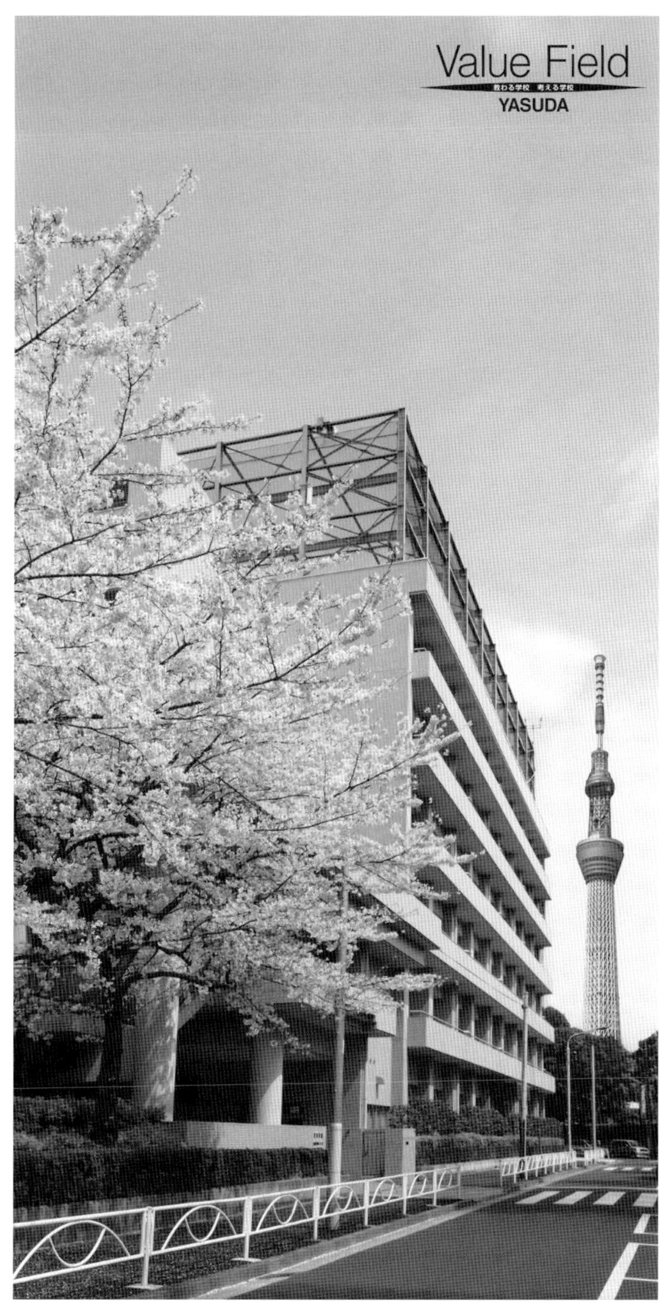

学校説明会

■ **11月16日(水) 10:00~11:20**

『説明ではわからない…が見られます。授業参観』

■ **11月27日(日) 10:00~11:30**

『あなたの実力をうでだめし！ 入試体験』 **要予約**

■ **12月17日(土) 10:00~11:30**

『安田学園のススメ』

■ **1月14日(土) 14:30~16:00**

『来ればわかる！ 入試直前対策』

○上記日程以外でも見学は可能です。(要予約)

○各回とも入試相談コーナーを設けております。

■ **平成24年度入試要項(抜粋)**

	特奨入試	
	第1回	第2回
試験日	2月1日(水) 【午後 2:30集合】	2月2日(木) 【午後 2:30集合】
募集人員	**20名** **特奨4名** **特特16名**	**15名** **特奨3名** **特特12名**
試験科目	4科目(国・算・理・社)	

	一般入試			
	第1回	第2回	第3回	第4回
試験日	2月1日(水)	2月2日(木)	2月4日(土)	2月7日(火)
	【午前 8:30集合】			
募集人員	60名	40名	10名	5名
	成績優秀者を特待生として発表します。			
試験科目	4科目(国・算・理・社)または2科目(国・算)			

安田学園中学校

〒130－8615 東京都墨田区横網(よこあみ)2－2－25

電話 03 (3624) 2666
フリーダイヤル 0120-501-528
FAX 03 (3624) 2643
ホームページ http://www.yasuda.ed.jp/
Eメール nyushi@yasuda.ed.jp

交通機関 JR総武線 両国駅西口 徒歩6分
都営地下鉄大江戸線 両国駅A1口 徒歩3分
都営地下鉄浅草線 蔵前駅A1口 徒歩10分
都営バス 石原1丁目 徒歩2分

いまだから見える！

2012年度 中学入試展望

森上教育研究所　所長 森上展安

「わが子にマッチした学校を選ぼう」

緩和傾向継続の入試に

来春入試直近の状況は、三大模試平均で前年比が5％前後の減少を見せており、昨年の同時期が4％前後の減少ということを考えあわせると来年入試は、今春の緩和がもうひと波押し寄せる、ということになろう。

ただ、いわゆる各入試の初回にあたる入試は、今春（2011年度）入試で前年比3・3％程度の減少であり、受験者数の減少より内輪の減少ですんでいる。

したがって、仮に総体数で5％の減少があったとしても各入試の初回は、平均すれば4％減程度にとどまる可能性もある。

むしろそのことより、この春の減少幅に一定の傾向が見られることに注意が必要だ。つまり全体で4％減ろうとも実際の個々の入試でみると、上位校が増加、もしくは維持、中位校以下で大幅減少という傾向が鮮明なのだ。

したがって、来春もこれと同様のことが起きると断言してよいだろう。

そして、もう一点の大事な傾向は共学の中堅校の安定ぶりが、同じレベルの男子、女子校に比べて明瞭だという点。受験する側から言えば、中堅の共学校は定員枠も狭く倍率も高いという点では入りにくい人気校ということになる。

最近の人気の特色は、新校舎、制服、校名変更に加え、不況にアピールする特別奨学金などがあるが、最大の武器はなんといっても6年前の私学ブームによる大学進学実績の上昇である。近年の中堅共学校人気も期待値のみならず実績値としての大学進学実績上昇が大きい。また、有名大学の附属中学の共学化によって、女子の有名進学校人気の一部がそちらに流れた点も見逃せない。

一方で、不人気ということでいえば、女子校にとくに多いが、男子校の一部を含めて大学進学実績が芳しくないところが相当する。

ただ、この傾向が大勢であるとはいえ、公立校にない学校文化のユニークさに魅力を見出している受験生も少なくない。とくに震災以降は、公立にはない寮教育や、個性重視の指導法、あるいは宗教などの心の教育などである。

さて、以上を押さえたうえで、学校種別に人気状況を見ておきたい。

大学進学実績に敏感な男子校

【男子校】やはり男子は東大実績の好不調に敏感に反応する。今春は、昨春から好調の駒場東邦、栄光学園、聖光学院などに加え（栄光学園は定員枠の拡大も人気に拍車）、人気下降気味だった巣鴨、桐朋、城北などが復調しそうだ。攻玉社も昨年来好調である。そのため相対的に武蔵、芝、海城などは、やや人気が緩和しよう。

早大高等学院の人気が募集3年目にして上昇しており、早稲田、本郷がそのあおりで相対的に緩和する傾向は今春と変わらない。慶應義塾系は、早大高等学院、早稲田実業の人気が高いためにやや慶應普通部が今春よりは緩和するだろう。

このほか大学附属系では立教池

◆**森上展安(もりがみ・のぶやす)**「受験」をキーワードに幅広く教育問題をあつかう。とくに中学受験について永年のデータ蓄積があり、そこから導き出す分析をベースにした鋭い指摘に定評。受験生・保護者には絶えず温かい視点からサポートする姿勢を崩さない。近著に『偏差値だけではわからない 塾も学校も教えてくれない 入って得する人気校の選び方―中学受験白書2011 首都圏+全国480校』『10歳の選択 中学受験の教育論』などがある。

袋、立教新座、また学習院は緩和傾向にある。一方、東京都市大付属は堅調な人気がつづいている。

難関校の易化はない女子校

【女子校】女子の難関校人気は高止まりで、とくに雙葉、豊島岡女子学園、女子学院、白百合学園、鷗友学園女子などの志望者が来春は多そうだ。進学校ではほかに吉祥女子、洗足学園、田園調布学園、品川女子学院、江戸川女子などの人気が高く、横浜共立学園も神奈川御三家のなかでは高い。

　一方で光塩女子学院は復調、晃華学園が緩和などカトリック系中堅進学校は隔年現象か。

　大学附属の学習院女子は校舎改築もあり人気。

　頌栄女子学院、立教女学院、普連土学園などプロテスタント伝統進学校も緩和傾向、大妻、共立女子、東京女学館などの老舗有名校も緩和色が強い。

共学の中堅校には安定感

【共学校】上位校では渋谷教育学園幕張、栄東、開智など1月校は人気がつづき、2月1日の渋谷教育学園渋谷、多摩地区の穎明館人気も継続している。

　共学校の人気4強は中大横浜山手、個別のフォローや立地のよさで人気の広尾学園、東京都市大等々力、そしてこれらの先発校である宝仙学園理数インター。

　定評がある國學院久我山、山手学院、森村学園、桐光学園、関東学院も志望者数が増加傾向をしめしている。

　有名大学附属の法政大、明大、青山学院大、中大系列などはとくに大きな変化はなさそうだし、全体に緩和気味で推移。

　また共学中堅校で進学実績を伸ばしている青稜、順天も人気を集めている。

学校文化のユニークさに価値

【その他の動き】来春大きく募集要項を変更し、これまでの1日入試から2日入試に変える桐朋女子、東大理Ⅲの合格者をだした足立学園、甲子園で優勝した日大三、春の東京大会決勝で、この日大三に延長で敗れたが、「一」から始めた選手で著しく力をつけてきた佼成学園。

　国際化時代に1年留学でワンランク上の大学進学実績をあげつづけている佼成学園女子、神奈川で根強いファン層のいる横浜女学院、北鎌倉女子、また横浜の伝統校で特別入試をする捜真女学校。

　午後入試で人気を集める八雲学園、そして多摩大目黒……等々あげればきりがないがこうした「動き」のある学校はいまのところ堅調な志望状況をしめしている。

　もちろん、このほかにも人気校はあるが、総じて共学校に人気が傾斜して、男・女校の人気が下降気味だ。

　地域的に見て、千葉、埼玉、茨城は東京からの併願需要が減少しているか、地域の受験者数自体が少なくなっているかの事情で上位校を除いて現状では今春より緩和色が強い。

　また、東京、神奈川の私立中学では、2月1日、2日に募集定員枠を集中させている傾向が今春より強まっているため、早期に合格先を取得する受験生が増える、と思われる。

　新設・再開では東京・多摩地区に八王子高校附属の中学が募集を開始、桜華女学院が再開するほか、埼玉では西武台高校が附属中学を募集する。今春新規募集した千葉明徳は初年度は緩和した入試状況だったが、来春には手応えを感じている状況もある。

　こうした新しい中学の募集が周辺に新しい受験層を掘り起こせるかどうか。

　少なくとも横浜市立南高は公立中高一貫校人気のすそ野を広げそうな雲行きで、他の東京、千葉の公立中高一貫校は都立1号、白鷗高附属の東大5名合格の快挙もあり受験熱は衰えていない。

　むしろ佼成学園女子、藤村女子、日本学園などに「公立一貫校適性検査対応入試」の広がりも見られ、私立の入試を身近に感じる受験生が増える期待もある。

　ともあれ、いまは偏差値で学校を選ばざるをえないものの、合格可能性さえあれば、そのなかで教育内容がしっかりしたところであれば偏差値の数ポイントはまったく問題にならない。その意味では学校の内容面の情報をよくくみあげ、とくに震災後の、つぎの世代を担う子どもたちを健やかに知的にたくましく育てあげてくれる学校には、ニーズが集まるだろう。

　要はわが子に合い、伸ばしてくれる学校にであいたいものだ。

Study Skills ～すべてを備えて、世界へ～

茗溪学園の目指す人間像

困難に直面しても、希望を抱いて勇気をもって立ち向かおうとする。人間や生き物への深い愛情を胸に、価値観の異なる人たちとも連帯して解決していく、そういう青年を育てます。

このような教育のノウハウのひとつが“茗溪Study Skills”です。基本的な階層からスパイラルに、繰り返し繰り返し体験し、思考し、少しずつ身につけていきます。

Study Skillsとは　～21世紀に求められる力～

茗溪学園の考えるStudy Skillsとは“自ら学び・成長していく能力”の基礎となるものです。現代社会において、常に新しい知識や技術を学び取っていく力こそが、社会で活躍するために必要とされています。

茗溪学園の教育は特定の能力のみを伸ばすことではなく、ひとりの生徒のトータルでのパフォーマンスを向上させるようにデザインされています。これこそが茗溪学園の卒業生が社会で高く評価されている所以です。

また、単なる学習にとどまらず「体験を通して学習し考えること」、「必要な情報を自ら収集し取捨選択し再構成すること」、「思考し構成した情報を記述し表現していくこと」、という高い目標が設定されています。

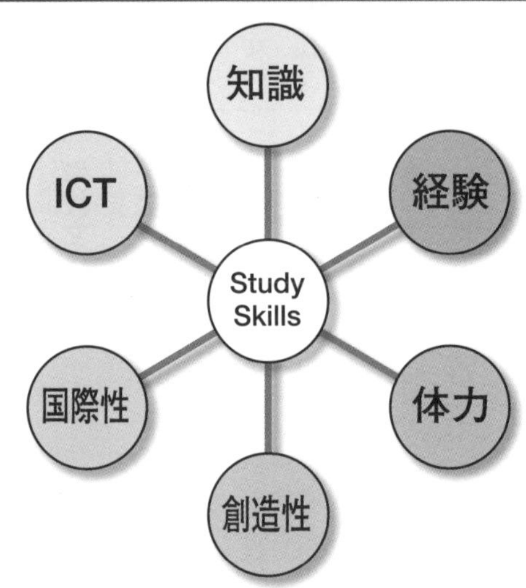

◆平成24年度入試日程◆

	推薦・自己推薦入試	海外枠入試	一般入試
募集人員	推薦：男女80名 自己推薦：男女10名	男女135名	
筆記試験	12月23日（金） 【午前】 国・算（各50分）	12月23日（金） 【午前】 国・算（各50分） ※推薦・自己推薦入試とは別問題	1月8日（日） 【午前】 国・算・社・理（各50分） ※海外枠受験生は2科目（国・算各50分）受験可能
面接試験	12月23日（金） 【午後】 受験生本人面接（全受験生）	12月23日（金） 【午後】 受験生本人面接（全受験生）	1月8日（日） 【筆記試験終了後】 受験生本人面接（寮・海外）

※　すべての入試において、「寮希望者」および「海外枠受験生」は保護者同伴面接も行う。

茗溪学園中学校高等学校

※茗溪学園は東京教育大学・筑波大学の同窓会「茗溪会」が1979年に創立しました。

〒305－8502　茨城県つくば市稲荷前１－１
TEL：029－851－6611（代）／FAX：029－851－5455
ホームページ：http://www.meikei.ac.jp　／e-mail：kouhou@meikei.ac.jp

GOGO! 合格

ラストスパートをどう過ごす

「喜びのその日」まで親子で走りぬけよう

この本がお手元に届く11月、そして12月、冬休み、お正月と、中学受験に向けて、いよいよカウントダウンが始まりました。ラストスパートにあたって、受験準備や対策、入試直前の過ごし方、やっておくべきこと、やってはならないことなど、それぞれの時期に気をつけなければならないことをまとめてみます。

入試までにやること

受験校の決定

11月に入りました。最終的に志望校を決める塾での面談も始まっていることでしょう。いま、この時期に優先すべきことは、併願校も含めた「志望校の決定」です。

受験学年のお父さま、お母さまは、すでに何回もお聞きとは思いますが、「志望校の決定」で最も大切なことは、お子さまに合う学校を見つけることです。

お子さまの個性を見極め、学校文化や教育方針がその個性にピタリと合い、ご本人が通ってみたいと思える学校で、そして、現在の学力に合う学校を探しましょう。必ず見つかるはずです。

志望校を決めようとするときには、どうしても偏差値に目がいってしまうものです。

ただ、偏差値は合格の可能性をしめす指標のひとつだと考えましょう。その数字だけで、学校を選んでいくことは感心できません。

数字といえば、もうひとつ「大学合格実績」というものもあります。

ただ、たんに難関大学、著名な大学の合格者数を見て、その数字が多いからという理由での学校選択も考えものです。

一時騒がれましたが、合格者数と実際の進学者数に大きな隔たりがある場合もあります。私立大学はいくつの大学でも受けられますので、ひとりが多くの大学に受かっている場合に、差違がでてしまいます。

また、「大学合格者数」を見るときには、学校の特徴にも注意しましょう。男子校は難関大学に挑戦する度合いが高い学校が多いものです。浪人も多くなりますので、そのことを考慮しながら現役の合格割合を見る必要があります。

大学では文系学部生の方が、理系学部生よりかなり多くなります。ですから理系に強い学校の大学合格者数は、数のうえでは見劣りしてしまうものです。このあたりもよく知って、数字のマジックに惑わされないようにしたいものです。

私立の学校には、それぞれの建学の精神に則った個性的な教育内容があります。校風もそれぞれちがいます。志望校を決めるときには、それらを見極め、お子さまの性格、個性にマッチした学校を選ぶことが肝要です。

冬季講習までにやること

コンディションを整える

この時期、お子さまにもラストスパートの意欲が見られるようになってきます。

多少、就寝が遅くなっても「もっと勉強したい」という前向きの子どももでてきます。冬期講習まで、学習面では多少の無理はききます。夜が少し遅くなっても、お子さまのやる気がみられるようなら「がんばってるね」の声かけとともに見守りましょう。

ただ、必要以上に睡眠時間を削って勉強させることはありません。

この時期からは受験のためのコンディションをつくることに心を配る必要があるからです。

いままでに立てた学習計画は、ひとわたり終わっているはずです。

進学塾での学習は、同じ分野を螺旋状に繰り返し、上乗せしながら勉強して確実に自分のものにしていくように計画されています。ですから、ここまできたら少なくとも「勉強していないところ」はないはずなのです。

ここで何時間か多く勉強時間を増やしたところで、学力が大きく伸びることにはつながりません。いまの勉強で大切なことは、定着していることを、いかに解答用紙に表現することができるか、その力をつけることです。

つまり、インプットすることよりも、要領よくアウトプットすることに力を注ぎましょう。量を稼ぐ時間をかけた勉強は、この時期には似合いません。それよりも題意を正確につかむことなど、対入試問題のひらめきを養うことが大切です。

さて、これからの心配は、本番が近づいてくることから受けるプレッシャーです。受験生のみならず、保護者も必要以上に準備不足を感じたりして、いわゆる「焦り」が生じます。

すると、受験生は以前ならできていた問題ができなくなったり、さらには体調を崩したりします。保護者はわかってはいても、つい強い口調でお子さまを責めてしまったりするのです。

そんなときは、少しリラックスして、なにも考えず、頭を一度空っぽにするために親子で散歩したりしてみましょう。

コンディションづくりは、リラックスとストレスをうまく使い分けていくことです。

家族みんなで合格祈願にでかけたり、学習面では、得意分野の問題をやってみて、よい結果をだして笑顔を取り戻すのがリラックスのひとつです。

ストレスは、逆に不得意分野の克服をめざす学習などがこれにあたります。

「できた」「やったぁ」という状況と、「これじゃまだまだだ」「もっとがんばらなきゃ」という思いとを交錯させて、うまく使い分けていくのです。

入試は、受験の日に備えて何年もかけて計画を進め、そして一発勝負に挑むのですから、オリンピックに臨むスポーツ選手と同じです。ですから、実力を発揮するためのコンディションづくりが重要なのです。

もちろん学習面だけでなく、栄養がある食事を規則正しくとり、健康面に配慮するのも大一番に向かうスポーツ選手と似ています。

健康面では、インフルエンザの予防接種を家族で受けることを忘れてはなりません。詳しくは本誌62ページから神田クリニックの馬渕浩輔医師が述べていますので、ここでは簡単に触れるにとどめますが、免疫ができるまでに時間がかかり効果は接種後2週間ぐらいしないと現れないことを考慮して、接種計画を立てましょう。

また、虫歯の治療を継続しておられるようであれば、入試日程を歯医者さんに理解していただき、その日に違和感のない状態で受験できるようお願いしておきます。

また、この時期にやっておいて

ほしいことのひとつが「合格カレンダー」と呼ばれる受験スケジュール表の作成です。
　出願日や試験日、集合時間を、併願校も含めて一覧できるようにするもので、本誌77ページで解説しています。

入試問題解説会

　12月から1月にかけて、多くの学校で「入試問題解説会」が行われます。この日は学校説明会同様の学校解説も行われるのですが、別室で受験生は、模擬問題や前年の入試問題を体験することができます。
　「前年の問題なら過去問で終わらせているから行かなくてもいいわ」とは考えないでください。その学校の実際の入試会場で他の受験生と机を並べ、制限時間もしっかり管理されたうえで受けるのですから、格好の予行演習になろうというものです。しかも、その出題をした先生が、出題の意図、解き方、考え方などを解説してくれるのです。算数でしたら途中式の書き方、採点要領にまで言及する場合もあります。参加しておけば得なことばかりと言えます。
　また、最後の学校説明会の機会とも言えますので、まだ、志望校を絞り切れていないかた、迷われているかたはぜひ参加してみましょう。
　まして、受験する学校に一度も足を運んでいないのでしたら、この最後の機会を利用しましょう。とくに併願校については、これまで見学がおろそかだったという学校があるかもしれません。「だめ押し」のつもりで足を運んで、思わぬ魅力に気がついた、という例もあります。
　学校へのアクセスも、この機会に再確認することができます。とくにこの夏は、各交通網が節電ダイヤで運行されていたため、時刻表が、夏に訪問したときとは変更になっていることがほとんどです。
　受験本番ではなにが起こるかわかりません。実際に入試当日のことを考えて、どのドアに乗ったら乗り換えしやすいのか、出口に近いのはどこか、目印になる売店はなにかまでメモしておきましょう。さらに試験後に合流しやすい場所なども確認します。
　このようにせっかくの機会ですから、志望校が入試問題解説会を行うのでしたら、ぜひ参加しましょう。

受験校・受験会場の下見

　前項の「入試問題解説会」にかぎらず、受験校の下見は、保護者の大事な仕事です。
　「すでに学校説明会には行ってきたから…」と安心するのは禁物です。試験会場へ入試と同じ時間帯に（平日なら平日に、休日なら休日に）行ってみてください。
　雪などにより、交通網に支障がでた場合の代替手段確認もやっておきましょう。
　私鉄の場合、通勤時間帯などでは快速や急行のダイヤ、停車駅まで変わる場合がありますので、とくに注意が必要です。

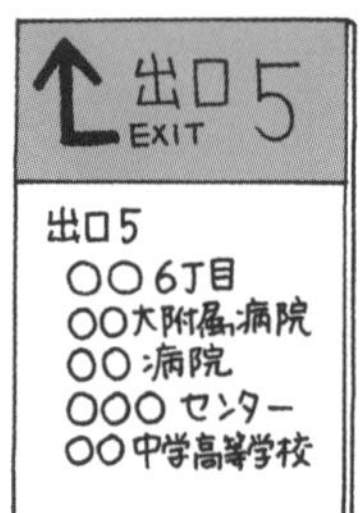

　また、試験会場が学校の校舎ではない別会場入試もあります。「学校説明会に行っているから安心…」はそれこそ成り立ちません。
　また、入学手続きの締切が合格発表の翌日という学校も多くあります。使っている銀行の支店が学校の近くにあるかを確認しておくことも必要になっています。
　手続き金を現金で納める学校も多いですし、振り込み方式にしても、現在ＡＴＭでは10万円までの現金しか振り込めません。窓口のある支店を確認しておくことは、あとで役立ちます

服装とメガネの準備

　入試当日に着ていく服装が合否に関係することはありません。
　ただ、入試当日に初めて着るというのもおすすめしません。着心地が悪かったり、ましてセーターの首まわりがチクチクして集中できなかった、などということが起きないようにしましょう。いまのうちに新調しておき、一度や二度は着てみてください。下着についても、一度洗濯して水をとおしておく方が無難です。
　面接がある学校での服装につい

てもよくご質問がありますが、これもその服装によって合否が決まることはありません。周囲からあまりに浮いてしまうことがなければ大丈夫です。周囲とあまりにちがう服装では、受験生はそのことが気になってしまい面接での対応に集中できないことも考えられるからです。

では、周囲の大多数はどんな服装で面接に臨むかというと、無地で、色は紺やグレーのブレザーかセーター、カーディガン、同系色のズボン、女子ならチェックのスカートなどです。

これらを新調する場合もサイズが豊富な、いまの時期が買い時といえます。

面接についての詳細は、本誌55ページを参照してください。

さて、メガネをご使用のお子さまの場合は、慣れたメガネで当日を迎えるに越したことはありません。ただ、ここにきて度が進行してしまったということはよくあります。それだけ勉強しているとも言えます。

このような場合も、いまのうちから買い換えて準備した方がよいでしょう。直前になって購入し、目が慣れないうちに最終盤を迎え、不調の原因となってしまっては泣いても泣ききれません。

願書の作成前には購入しておくことが肝要です。学校によっては、受験時のメガネを着用しての顔写真を求められることがあるからです。

出願の準備

進学塾の先生とのお話で、このころには併願校も含めた志望校の選択は終わっていることでしょう。

あとは各校の入学願書を手に入れ書き込んでいく作業となります。入学願書を入手するのは早いに越したことはありません。願書の記入は冬期講習が始まってからでも間に合いますが、千葉、埼玉の中学校は1月10日から入試が始まりますから、そんなに余裕はありません。第1回入試の願書受付は1月5日までという学校も多いことですから早め早めに準備しましょう。

そのほか顔写真や健康診断書、受験料などの準備も必要です。

これらの準備は、併願校のぶんも含めて用意します。また、もしもの場合もあります。結果次第で可能性のある学校の必要書類は手に入れておくようにします。

願書の記入は、小学校の冬休みが終わるまでには済ませておきましょう。

記入の仕方については、本誌48ページに詳しく掲載してあります。

冬期講習の時期から

「朝型」への切り替え

冬季講習のころ、また、入試半月前ころからは生活のリズムを「朝型」に変えていきましょう。

だからといって、一度に勉強時間を大幅に削る必要はありません。徐々に朝型の生活に切り替えながら、無理なくできる範囲で勉強に取り組むようにすればよいのです。

最終的には、入試当日の試験開始時刻を調べ、その3時間前には起床するようにしましょう。また、徐々に早く就寝するようにします。睡眠不足では、起きてからも脳内に睡眠誘発物質が生成されて、なんとなく眠かったり、けだるかったりして頭の働きが鈍ってしまいます。また、睡眠不足は免疫力の低下につながり風邪をひきやすくなるので注意が必要です。

「朝型」への切り替えは、必然的に学習時間の減少につながりますが、これを不安に思ってはいけません。冒頭に述べたように、直前期に優先すべきはコンディションづくりなのです。入試当日のコンディションがよければ実力をより発揮できるはずだと、ご家庭全体でサポートし、お子さまを信頼してあげることが大切です。

さて、学習面では、この時期からは模擬試験も行われません。最後の模擬試験から入試が終わるまで、お子さまの実力の変化を知ることはできないわけです。

ここからは、保護者が進学塾の先生と連携を取りながら見守っていく必要があります。

受験への身の入り方が遅かった受験生は、ここにきてグンと伸びてくるケースが多いものです。逆に合否判定がよくでている受験生のなかには、油断が生じてしまう場合もあります。このあたり、わが子の性格も考えながら注意深くみていきましょう。

家族でチャレンジ

入試直前、受験生はどうしてもナーバスになります。受験生本人だけが、そのプレッシャーに立ち向かうのではなく、家族みんなが、今回の中学受験に取り組んでいるのだという姿勢を態度でしめしましょう。

まず、お母さま、お父さまが、応援する態度を見せてあげられれば本人も安心します。

最後の追い込みとなって、夕食には受験生の顔はないかもしれません。しかし、朝食は家族みんなが顔を合わせて話をするようにしましょう。さりげなく時事問題に触れるのもおすすめしたいことです。お父さまはその時事問題担当としてうってつけでしょう。さらに受験校の下見、入試日のつきそいや発表の確認などで、お父さまも参加している姿勢を見せてください。

中学受験は家族全体でチャレンジするものです。家族の一体感が、合格を得る原動力となります。

入試直前

いつもどおりに

正月返上の冬期講習を終えると、いよいよ本番となります。

千葉や埼玉でしたら、1月初旬から第1回の入試が始まります。これらの入試には、東京や神奈川からの受験生も、試験慣れのために多く参加します。

東京や神奈川でも出願が開始され、いよいよ受験モードに入っていきます。

1月に入ってからは健康管理にも十分に注意しましょう。

日常生活の基本は「いつもどおり」です。小学校もインフルエンザが流行して学級閉鎖がでているようでないかぎりは、普段と同じように登校させましょう。

無理して休ませることによって、本人なりのペースを乱してしまうかもしれません。小学校の友だちと過ごす時間は、保護者が考えるよりも、本人にとって貴重なリラックスタイムであることも忘れてはなりません。

受験日には、小学校を欠席することになります。その予定を小学校の担任の先生にお伝えすることも、この時期のマナーといえます。

この時期、受験という初めての体験が近づいてくるわけで、不安も増してきます。

お父さま、お母さまは、お子さまに対し腫れものに触れるようなあつかいではなく、ゆったりとかまえて、安心させ自信が持てるような言葉かけを心がけましょう。

「あれだけやってきたんだから大丈夫！」と「大丈夫」をキーワードにぬくもりのある言葉を毎日かけていきましょう。

入試前日

最もリラックスしたい日

受験生のみならず、保護者も最も緊張するのが「入試前日」です。当日になってしまえば時間はあっという間に過ぎていきますが、受験生本人も、それを気づかう家族も、前日はどうしてもピリピリしがちです。

ですが、じつは最もリラックスしたい一日が入試前日なのです。

ここは「緊張して当たり前なんだ」と開き直り、明るく笑顔で過ごしましょう。それが緊張をほぐします。

お子さまには、「にぎやかに過ごしていたい」、「最後まで見直しをしたい」、「静かに机に向かいたい」など、さまざまなタイプがいますが、その性格を最も知っているのがご両親です。本人が過ごしやすい、そのお子さまに合った一日を自然体で送りましょう。

「塾の先生に会ってきたい」という場合があります。これも緊張の現れです。遅くなって睡眠時間に影響がでるようでは困りますが、そんな場合はいっしょに塾まで行くことをおすすめします。塾の先生はプロですから、これまでそんな受験生には何人も接しています。きっとリラックスできるひと言を与えてくれるでしょう。

この日の夜はお風呂でリラックスし、早めの就寝を心がけます。

もし、「眠れない…」と言ってもあわてることはありません。この1年、秋までの重要時事ニュースの話でもしながら寄り添っていましょう。やがて眠くなります。たとえ、睡眠不足で受験会場に向かうことになったとしても、緊張感がつづきますから試験中に眠くなることはありません。

かえって「眠れなかった…」という焦りの方が大敵と言えます。

持ちものチェック

入試に持っていくものは前日に用意します。お子さまといっしょに確認しながら用意しましょう。

つい、お母さまが用意してしまいがちですが、かばんに入れるのは受験生が行うことです。自分で用意すればどこになにを入れたかがわかり、翌日に困ることがありません。かばんにつめていく、という行為によって入試へのモチベーションもあがります。

ただ、なにを持っていくのかを整理するのは保護者の役目です。募集要項に書かれた持ちものをしっかり確認し、前もって用意すべきものを書き出して「チェック表」にしておきましょう（本誌75ページ参照）。

かばんにつめるとき、このチェック表を受験生といっしょにチェックしながら用意するようにしましょう。

さて、それでも忘れてしまうものが「弁当・水筒」など当日準備するものです。入試当日の朝はなにかと気ぜわしく、せっかくお母さまが早起きしてつくったお弁当をダイニングに置き忘れてしまうというケースがあります。

受験会場に入場するまでに気づけば、コンビニでも用意はできますが、気づかずに入場してしまった場合は取り返しがつきません。

前日用意したかばんの取っ手に、「弁当」「水筒」などと、当日の朝につめるものの名札をつくってぶらさげておきましょう。

当日着る服についても前日のうちに用意して枕元などにたたんでおきます。保護者の持ちものについても、前日に準備しておきます。

服装について注意したいのは、受験会場が寒かったり、暖房の効きすぎで暑かったりする場合があることです。脱いだり着たり、調節ができるような服を準備しましょう。

つきそいのお父さま、お母さま用の待合室に温かい飲み物まで用意している学校もありますが、それでも寒い一角があったりします。また、逆に試験終了まで校内に入れない学校もありますから、つきそいの保護者も風邪を引いたりしない用意は怠らないようにしましょう。

もし、当日が雨や雪になった場合の長靴、雨具、替えの靴下、手袋、タオルなども玄関先に用意しておくようにします。夜間に雪が降った場合、雨とはちがって音がしないのでやっかいです。気づかないでいると、その朝はかなりあわただしくなります。

入試当日

なにごとも早めに

入試当日は、持ちものや会場に着くまでの経路において細心の注意が必要ですが、あまり気にしすぎて、受験生にあれこれ言い過ぎると、かえってプレッシャーをかけてしまうことにもなりかねません。

前日までにさまざまな準備を重ねてきたのです。ここまできたら保護者も「やるべきことはすべてやった」と思い切り、笑顔で余裕を持ちましょう。それが忘れものやトラブルの防止にもつながります。

とくに時間の余裕を持って行動することが大切です。雪やアクシデントによる交通網の乱れは、この時節にはつきものだと考え、早めに家をでるようにするのもコツのひとつです。遅くとも集合時間の30分前には到着したいものです。早く着き過ぎた場合は、携帯カイロで手指を暖めながら待ちます。余裕があれば、試験終了後の待ち合わせ場所もいっしょに確認しましょう。

車はタクシーも含め利用しないようにしましょう。遅刻してしまった場合、道路の渋滞は加味してくれませんが、公共機関の乱れには学校側も配慮してくれます。

友だちと待ち合わせして入試会場に向かうのは絶対にやめましょう。どちらが遅刻しても遺恨が残りますし、道すがら、入試の話や暗記ものの勉強の話がどうしてもでます。そのときに自分の知らないことがでてきたとき、もう間に合いませんから、焦りが生じプレッシャーがかかります。入試では自分のペースを守ることが大切なのです。

万が一、忘れものに気づいても取りに戻ることはやめましょう。例えば受験票を持参し忘れたとしても受験はさせてもらえますし、定規など指定されていた持ちものを忘れた場合でも学校側はそれを見越して用意しています。

受験校の前では塾の先生が出迎えて、激励し見送ってくれます。素直に握手して励ましていただきましょう。入試のプロである塾の顔なじみの先生に声をかけてもらうと緊張がほぐれたりするものです。

さて、いよいよ集合時間が近づいて、受験会場に向かうお子さまを見送る際の励ましの言葉は、事前に考えておいた方がよいでしょう。

これも「大丈夫よ。落ちついて」「いつもどおりにね」「がんばって」といった言葉に、やさしい笑顔を重ねましょう。

試験のあと

結果を引きずらない

試験が終わり、待ち合わせていたお子さまがどんな表情で現れるか、気が気ではありません。ただ、たとえガッカリした顔ででてきたとしても、ここは「がんばったね」と笑顔で迎えましょう。

翌日にも、あるいはその日の午後にでも別の学校の入試が控えています。その日の出来不出来をいつまでも引きずらないことが大事なのです。

気持ちを切り替えて、翌日に備えましょう。

ただ、お子さまが「あそこができなかった…」と再度チェックしたいことを認識しているようなら、そのポイントは見直してもよいでしょう。しかし、そのことに時間を費やして、翌日に影響のでないようにすることも大切です。

できなかった問題は、「他の受験生もできてはいない」と考えるのです。

入試は連日つづきます。最後まで体力と精神力が必要ですから、冒頭で述べたようにコンディションづくりを第一に考えるべきものです。

即日発表の功罪

最近ではインターネットをつうじて、合否を即日発表する学校が増えてきています。

この場合、家庭で夜にその結果を知るところとなります。ですので、入試の結果がよければ、それを知ることがプラスのモチベーションとなりますが、不本意な結果だったときのことも考えておく必要があります。

このときの声のかけ方など、塾の先生と事前に相談しておきましょう。「大丈夫、これからが本番と考えましょう」、「ここまでがんばった結果は必ずでる。つぎが勝負」などお子さまの性格に合った言葉を用意しておきましょう。

翌日にダブル出願してあり、その結果で受験に行く学校を変える場合などは、とくに気持ちの切り替えが大切です。結果を引きずらないことです。

このことは、意外と受験生よりお父さま、お母さまの顔にでてしまいます。

小学生が受ける入試です。子どもというものは、自分のためでありながら、じつはお父さま、お母さまの笑顔が見たくて受験に取り組んできた面もあるのです。ですから、保護者が表情を曇らせることだけはないようにしましょう。

受験生にかぎらず、保護者にとっても「気持ちの切り替えが勝負の分かれ目」です。

合格発表

つぎを考えて行動

合否がわかったあとは、前述した「合格カレンダー」（受験スケジュール表～78ページ参照）にしたがって行動します。

つぎの受験校を決めたり、翌日の受験校に向けて行動を開始するわけです。

ある学校の合否が決まったあと、つぎの受験校に向かう場合、迷うことも多々あります。お子さまの体調なども気になり、前もって決めておいたスケジュールから逸脱しそうになるのです。

このような場合は、進学塾の先生に相談するのが早道でもあります。

ただ、「合格カレンダー」に書き込んでいた、そのときのことを思い出してください。あのときは「強気一辺倒だった」とか、「弱気だった」とか感じるのかもしれませんが、そのとき決定したスケジュールにしたがう方が後悔することはありません。

そのためにもスケジュールを決める際には、併願校の決定など家族でとことん話し合うようにしましょう。

さて、合格発表の際には、その学校の受験票を携行します。受かっている場合には引き替えで入学手続き書類を受け取ることになるからです。

もし手続き書類を受け取らなかった場合には、合格を辞退したとみなされることもあります。

その後に合格招集日が設定されていて登校しなければならない学校もあります。この日は4月からの学校生活のお話や宿題がでたりするのですが、この招集日に欠席した場合、入学資格を失うこともあるので要注意です。

万一の場合には

さて、いまの時点でお話しすべきことではないのかもしれませんが、思うような結果がでなかった場合のことも、あえてお話ししておきます。

すべての受験校に合格するなどということは至難の技です。まして、5校、6校と受けたにもかかわらず、すべて不本意に終わることもあれば、ずっと志望していた学校に失敗してしまうこともあります。

万一の場合には、人生にとってこれがゴールではないことを話し、この結果を糧につぎに向かえるようプラス志向に考えるようにしましょう。努力を認め、この過程にこそ意味があるのだということを理解させることです。

合格はしたものの第1志望ではない学校に通うことになった場合、深く傷ついている受験生もいます。しかし、「受かった学校が第1志望」の心意気です。お子さまが合格した学校がベストの学校なのです。ここでも気持ちの切り替えが大事です。

胸を張ってつぎのステージに向かえるよう導いてあげてください。

爽やかに切り替えて春を迎えることこそ、その後に希望のある有意義な時間をつくりだすことにつながります。

鷗友学園女子中学校

進路進学指導の要は「集団としての力」

完全中高一貫教育のもと、毎年多くの難関大学合格者を送りだしている鷗友学園女子中学高等学校。学校創立以来の「慈愛と誠実と創造」を校訓に掲げ、『集団としての力』を育てることで、生徒それぞれの進路希望を実現していきます。

鷗友学園女子中学高等学校（以下、鷗友学園女子）は、今年も東大3名をはじめ、国公立大78名、早慶上智大168名というすばらしい大学合格実績を残しました。

進路指導部長の黒田和芳先生は「本校の進路進学指導において、いちばん力を入れているのは、じつは学習面ではありません。生徒たちの『集団としての力』を育てることにあります」と説明されます。それはいったいどういうことなのでしょうか。

「女子生徒にとって、学校生活の大切な部分を占めているのは人間関係です。クラス、委員会、クラブなどそれぞれの場所でうまく人間関係がつくれ、自分の居場所ができれば、精神的にとても安定します。そうなると勉強もがんばれるのです。本校では、学校としてこの土台を整えることに力を入れています」（黒田先生）

その対策のひとつとして、各学年1クラス40名×6クラスだったクラス編成を、2004年から中1のみ30名×8クラスとして、より生徒同士がコミュニケーションをはかりやすくなるように変更されました。

その後、進級してクラス替えが行われるたびに、生徒同士の友だちの輪が広がり、学年としての意識が高まります。そして高3の大学受験期に入ると、学年全体で受験勉強に取り組む雰囲気ができあがり、10～11月から入試本番までの2、3カ月の学力の伸びが大きくなるのです。その最後の伸びの大きさが鷗友学園女子の特色で、「集団としての力」を育てた結果なのです。

集団のなかで人とのちがいを知り ひとりの女性として自立していく

集団としての力が育ってくると、つぎはそのなかで自分と他者との関係を考えるようになります。人はみんなちがうということを理解し、そのちがいを認められるようになることで、ひとりの女性として自立する一歩をふみだすことができます。集団として、そして個人としての考えがじっくりと養われていくことで、生徒たちはその後の進路についても、偏差値などの数字にとらわれるのではなく、自分がどうなりたいか、そのためにはどうすればいいのかに主眼をおいた進路選択をするようになっていきます。

また、生徒だけではなく、先生がたの「集団としての力」も鷗友の進路進学指導の大きな力になっていると言えるでしょう。

「本校には、担任全員が進路指導係であるという考え方があります。学校として進路指導の大きな筋道はありますが、細部に関しては、6年間の見通しを考えながら、その学年のカラーに合わせて臨機応変に実施します。そのために毎週1回『学年会』という会議を2～3時間行っています。各クラスの担任と、その学年に関係がある先生がたがさまざまな情報交換をして、学年の先生全員で一人ひとりを見ていく体制をとっています」（黒田先生）

こうして、入学当初から生徒が伸びのびと生活できる環境づくりに力を入れ、学年全体の力、生徒個人の力を伸ばすことにつなげるのが鷗友学園女子の進路進学指導です。

SCHOOL DATA **鷗友学園女子中学校**

Address	東京都世田谷区宮坂1-5-30
Tel	03-3420-0136
Access	東急世田谷線「宮の坂」徒歩4分 小田急線「経堂」徒歩8分
URL	http://www.ohyu.jp/

Check!! 2012年度入試の募集人員が変わります!

鷗友学園女子中学校は、1次募集（2月1日）人員を2011年度入試の120名から、2012年度入試では140名に、2次募集（2月2日）人員を80名から60名に変更します。鷗友学園女子を第1志望とする受験生に、チャンスが広がります。

直前期の学習課題

最後のスコアアップをめざして

国語 算数 理科 社会

あせらず あわてず あきらめない

11月に入りました。現在、進学塾でもご家庭でも総合的な問題演習や過去問演習などに取り組んでいる真っ最中でしょう。まさに「本番モード」ですね。さて、ここからは、「最終コーナー」でのがんばりのために、11月、12月、1月に学習のうえで取り組むべき課題についてお話しします。なお、公立中高一貫校の適性検査に向けての対策はつづく33ページからをご覧ください。

学習内容は基本確認を

ご家庭でも、入試への総まとめということで、より本番に近いかたちでの学習を進められていることと思います。ただ、注意をしなくてはならないのは、ここにきてすべての範囲をやり直そうとするのは無理があるということです。

進学塾の先生に最後の模擬試験の結果を分析していただき、各教科の先生とよく相談をして「できていないところ」を重点に計画を立てて進めてください。つまり弱点を洗いだしながら、「入試直前」を締めくくるということです。

これまで中学入試の全範囲を2～3度学び、復習もしているはずです。さらに、ここにきて冬期講習で総まとめも行います。

非常に広い範囲ですから、苦手な部分もありますし、取りこぼしもあるでしょう。ご家庭では、そこに重点を置いてください。

教科も苦手な教科により多く時間を配分します。

過去問は消化しますが、時間がなければ、そのなかでも領域別・分野別に分けて考え、その弱点補強にポイントをおきます。

中学受験では、すべての分野が完璧にできる必要はありません。入試問題の合格ラインに達すればよいのです。満点をめざすのではなく合格ラインをめざすのです。

そのためには、得点できる問題を確実に取り、みんなが得点する基本問題は落とさないことがポイントです。いくら難問を制しても、その他のやさしい問題を落としてしまったのでは合格は遠ざかるでしょう。

過去問演習は、これらのことを理解して取り組むのなら意味があります。

この場合の過去問演習は、志望校の問題のクセを知り、各大問、小問のレベルを見破る。問題にざっと目をとおした瞬間に、どの順番で手をつけるべきかがわかり、どれを「捨て問」にするかを決められるようにすることが目的となります。これは、お父さま、お母さまもいっしょに取り組める過去問演習です。

このほか別項でも触れていますが、家族の話題のなかに、社会・理科の時事問題チェックを取り入れることは、ぜひおすすめしたいことです。

時間は刻々と過ぎていきますが、あせる必要も、あわてる必要もありません。ましてあきらめることなく基本確認を中心に効率よく学習を進めましょう。

国語 Japanese

ここ10年、国語の出題での文章量はどんどん多くなってきました。それらの出題文を「素早く正確に」読み取る力が要求されています。

説明的文章では、①具体例の直前・直後に要点があることが多い。②文末表現、接続語、繰り返しの文章にカギがある。この2点に注意しながら筆者の言いたいことを考えましょう。

文学的文章では、登場人物の気持ちを理解することがポイントになります。「できごと＋心情＋言動」の3つの関連に目を向けます。

言語要素については、毎日少しずつ確認します。最も多く出題される「漢字の書き取り」は、得点力をあげるためにも、毎日取り組みましょう。同音異義語、同訓異字は重要ポイントです。「精算」「清算」「成算」の使い分けなどは、それぞれの意味まで調べて覚えておかないとまちがえます。

つぎに出題頻度の多い「語句の意味・用法」と「慣用句」も反復練習しましょう。慣用句は意味を理解していないと答えられないので、多く出題されています。

学校側も差がつかなければ、合否を決められませんから、差のつきやすいものを意図的に出題するということです。ただの丸暗記ではなく、言葉の意味を理解し定着させるようにします。

難関校といわれる学校では、語句の意味がしっかりわかっていないと答えられないような言語要素問題が出題されています。

漢字の書き取りや慣用句、語句の知識などは中学受験にとどまらず、これからのちの財産にもなります。学校側もそれを求めているわけです。学習は一過性のものではないことを理解しながら、このラストスパートの時期にも、親子で「学ぶ楽しみ」を失わずに突き進みましょう。

算数 Mathematics

算数では、まず計算問題や一行問題で確実に得点できるよう、朝起きたら食事の前に少しの時間でも取り組むようにします。繰り返しで計算力が定着していくからです。

中学入試では、計算力と基礎的な力をみる出題が多くなっていますが、基本的な問題だからといって、考えずに答えていくと落とし穴があるということもあります。基本的な問題ほど、しっかり問題文を読み、なにが問われているのかを理解して、どのように答えるかの設計が必要です。

難易度の高い問題では、与えられた条件を図や表にして整理し、そこから正確に計算していく力が求められます。一度進めてみて答えにたどりつけなかったり解法が浮かばなければ、問題に取り組む視点を変えたり、ちがった角度、方向から考えてみましょう。また、具体的に数字を書きだして法則性をみたり、調べたりもしてみます。

できないからといって、すぐに「捨て問」にするのではなく、途中までであっても、考えた軌跡を解答用紙に残しましょう。

正解を得られない解答でも、途中式や考え方に部分点を設定している学校が多くなっています。途中までであっても消してはいけません。

途中式でなくても、かき残した図やグラフに部分点をくれる学校もあります。

図やグラフは、きれいにかかねばならないものでもありません。そこにいたる過程がわかるようにかき残していく習慣をつけるようにします。

たとえば、「割合と比」は、目に見える数字ではなく、概念上の数字のために理解することが難しく、苦手とする場合が多いものです。よく出題される食塩水の濃度の問題では、百分率(%)の考え方が必要で、解き方は中学受験算数ならではの面積図や天秤図を使って解きます。問題文を読んで反射的に図がかけるようになるには、やはり繰り返し練習することが必要です。図のかき方について最後のこの時期、もう一度復習していただきたいと思います。

社会 Social Studies

社会の入試問題では、基本的な知識を身につけているかがまず問われ、さらに、そこから派生する思考力を試す問題が主流となってきました。

このところ記述問題が増えていますが、社会では文章力が問われているわけではなく、本質的な理解ができているかが問われます。

さて、歴史分野で中学受験生の意外な弱点と言われるのが「昭和」です。入試では時代区分に偏りなく出題されますので、弱点の「昭和」もでてきます。

子どもたちの歴史の勉強は旧石器時代から始まって、古い年代から順に勉強してきたため、現代史にはどうしても時間がかけられていません。また、現代史は政治・経済・社会・文化などと範囲が広く難しいと感じて苦手にしているわけです。

この最後の時期に歴史を復習する場合は、時代が新しい昭和→大正→明治→江戸の順で復習し、現代史の定着に力をそそいでください。

時事問題では、そのニュースを入口にして、学習されてきた内容とどうかかわっているのか、そのニュースがこれからどのように進んでいくのかなどが問われます。

たんに用語やニュースの時期、人名などを暗記していくだけではなく、どのような意味、意義があるのか、できごと同士、またかつてのできごととどのようなかかわりがあるのかといった視点で、折に触れて家族で話題にしましょう。

社会では冒頭でも述べているように、進学塾のテキストなどを使って基本確認を中心に、最後まで繰り返し復習しましょう。漢字で書くべき用語もあります。その漢字が正確に書けているかどうかも、この時期にできる簡単なスコアアップ法です。

難問での失点を気にすることはありません。それよりも基本的な問題で失点するとカバーが利きません。

理科 Science

理科でも他教科と同様、思考力が問われる問題が多くなっています。暗記した知識だけではなかなか得点できません。もちろん知識がなければ思考もできませんから、基本的な知識を覚えておくことは必要最低条件です。

その知識を、ほかの知識とのかかわりのなかで整理して覚えるようにしていきます。

理科が苦手な受験生は、この最後の時期でも分野別に分けて基本知識を確認、復習しましょう。それを終えてから問題演習をしてみると、知識同士のかかわりが見えて理解が深まります。このような受験生では過去問を進める場合も、分野別に整理しなおしてから取り組むと成果があがります。

さて、ここ10年増えてきたのが、実験や観察をともなう問題です。実験・観察の手順や現象、実験の注意点も復習しておきましょう。

表やグラフから読み取れることを問う出題も増えています。問題を練習するとき、表、グラフ、問題文から必要な条件を見つけ、書きだして整理するクセもつけておくとよいでしょう。

環境問題など、理科でも時事問題があつかわれるようになりました。理科と社会、また算数との融合問題も見られます。いくつかの問題にあたって慣れておきましょう。融合問題を探しきれなければ、進学塾の先生と相談して類題を見せてもらってください。

社会でも同じですが、中学受験の時事問題対策教材には目をとおすようにしてください。

いまからできる！
公立中高一貫校受検直前対策

親と子で取り組む 適性検査攻略の直前ポイント

公立中高一貫校をめざしている受験生、保護者のかたから聞こえてくるのが、「適性検査への準備の仕方がわからない」「適性検査問題に向けて家庭でできる対策は？」といったご質問です。そこで適性検査まであと2カ月に迫ったいま、家庭でできる直前対策を全国公立中高一貫校の動向、適性検査問題に詳しい若泉敏先生にご紹介していただきます。

若泉（わかいずみ）　敏（さとし）

公立中高一貫校受検を2カ月後に控えている保護者にとっては、直前になにをなすべきかが当面の最大関心事になります。

そこで受検1～2カ月前に親子で取り組めることで、効果のあがる対策をご紹介することにいたします。

作文や教科の単元学習はやってきたでしょうから、これから取り組むことができてスコアアップにつながるつぎの3つをご紹介します。

その3つとは、漢字・語句と計算への取り組み、その他の取り組み、過去問の取り扱いです。

さあ、きょうからでも間に合います。早速やってみましょう。

あと60日 受検直前の2カ月になにをしておくべきか

毎日取り組みたいこと

（1）漢字の読み書きや語句の練習

【教科書】（1～6年）を使う場合

巻末にある漢字表を使って、同じ部首の漢字を集めて書きだしたり、熟語のしりとりや頭とりをしたりと、工夫して練習する。

物語文・説明文・詩など本文以外の部分を読む。

「ことば」「漢字の知識」「話す・聞く」「調べてみよう」など。

漢字の練習をする場合も、私立受験と公立受検にはちがいがあります。

文章中や、短文に読みが書いてある部分を漢字に直すのが、私立受験の一般的な問題です。

適性検査では、小学校配当漢字の知識を前提に漢字の運用力・活用力をはかろうとします。

ある観点から系統的な知識理解を見ようとします。連想を働かせなければいけません。

したがって、漢字に触れつづけることに主眼を置きましょう。ゲームや遊びの要素を取り入れて楽しく親子で取り組んでいけばいいのです。

（2）計算の練習

４桁以上の整数または小数で、かけ算と割り算を合わせて5題ずつ毎日練習する。

割り算は、四捨五入して概数（百分率で整数または小数第1位まで）にする。

適性検査で問われる計算力も私立受験の計算問題とはちがいます。

私立中学の受験では分数の計算技能が中心です。〔小〕〔中〕〔大〕のカッコと分数・小数の入り混じった四則混合計算の練習を継続して行い、熟達しなければいけません。

それに対して適性検査では、問題解決のために資料から読み取った数字を用いて計算力をはかります。最近は分数や比を使った計算もでますが、中心は整数や小数の単純な割り算です。

ただし、左上に例をしめしたような桁数が多い計算や、四捨五入・切り上げ・切り捨てなど概数処理をすることが求められます。

2300000÷450000
678012÷540389

また、百分率で小数第1位まで求めるなどがあり、問いに応じてどの位まで数をださなければいけないかの判断力も試されます。

これらは、私立型受験ではほとんど出題されない計算問題です。したがって、公立中の受検では市販の計算問題集を使うよりも、過去問の「資料」にでている数字を使う計算練習が効果的です。

あと30日 受検直前の1カ月でなにをしておくべきか

つぎに、受検を控えた直前1カ月にはなにをすべきか明らかにしておきましょう。

どの程度の漢字の知識が求められるのか、計算処理の程度はどこまでの範囲なのかは学校によってマチマチですから、過去の出題を研究して志望校に応じた力の入れ方を親が判断しなければいけません。

事実（ここでは志望校の適性検査問題）に基づいた親の分析力、考察力、判断力が試されますし、子どもに対する適格な指示が求められます。

そして、親の指示に従って忍耐強く練習をつづけていける素直な子どもが合格に近づくのです。この場合の【素直な子ども】は、親の言いなりに従うお人形とはちがいます。親の説明を納得して受け入れて前進していく自立した子どもです。

さらに、子どもに指示したのちも親は見守りつづけなければいけません。

勉強を継続しない子に「どうして練習しないのか」「ダメねぇ」「合格できないわよ」と子どもを責めるのは、親の感情の発露であって子どもを萎縮させるだけです。

ここで賢明な親かそうでないか、合格に近づくか遠ざかるか、親の見つめる力、判断力、コミュニケーション力が問われます。

一度指示したことを金科玉条として固執することはありません。試行錯誤して前進すればいいのです。子どもの能力や向き不向きによって変えていくことも必要です。子どもも悩んでいるのです。親の助けを心の底では求めているのかもしれません。

幼児期からこれまで、良好なかかわりを築いてきた親子なら乗りきれます。

「親が課題を具体的にしめし、考察の方法を教え、解決策を伝える」……親のかかわり方が、土壇場で効いてくるのです。

子どもと話しあい、納得させながら工夫改善の取り組みを模索していくことです。

時間を見つけて取り組みたいこと

（1）算数の教科書（4～6年）を読み、公式や考え方を説明できるようにする。

算数でとくに押さえておく単元

【6年生】立体、拡大図と縮図、メートル法と単位、場合の数、比

【5年生】約数・倍数、偶数と奇数、小数のかけ算・わり算、割合、単位量あたりの大きさ、合同・対象図形

【4年生】概数の表し方、計算のきまり

（2）4年生のときに配布された【私たちの東京】などの、郷土の暮らしに関する教科書を、資料とともに読む。地図記号もおさらいしておく。

（3）理科と社会の教科書を、写真や絵・表・グラフを中心にくまなく読みこむ。

理科では、実験観察の【調べる条件】【そろえる条件】【調べる方法】に注意。

社会では、ふたつのことがらを比較している部分と、近現代の生活ぶ

若泉 敏（わかいずみ・さとし）＝私立小学校教諭を経て、中学受験生、保護者のサポートに長年にわたってたずさわる。現在も論理的思考力・日本語読解力・記述表現力の養成および小学校高学年の学習や生涯学習に通用する学力獲得能力の育成と学習方法論の実践的な研究に日々あたっている。とくに全国公立中高一貫校の動向、適性検査問題に詳しく、その分析では第一人者。近著に『中学受験 公立中高一貫校のすべて―全国96校の傾向と対策』（ダイヤモンド社刊）、『公立中高一貫校合格への最短ルール　適性検査で問われるこれからの学力』（WAVE出版刊）などがある。

りに注目。

（4）世界地図を見ておもな国々の位置と気候を知る。

（5）2011年度の重大ニュースの解説をひととおり読んでおく。

あと10日

受検直前の10日間になにができるのか

適性検査受検まで1週間あまりとなりました。

この時期に親が心がけることはなによりも子どもの体調管理です。早寝早起きを心がけて、朝の9時ごろには頭が働くようにしましょう。また、帰宅したら手洗いとうがいを励行し、風邪を引かないようにしましょう。

さて、これからの10日間に行える適性検査の有効な対策の例をご紹介します。

ポイントは、問題文の分析に慣れておくこと、合わせて読み取りの注意力を高めておきましょう。

（1）志望校の過去問のおさらい

ここでは全問題を解き直すことではありません。問いの文を指示語や読点（、）に注意して※**「細切れ読み」**をし、解答すべき条件を確かに拾いあげる練習です。まず、**【なにを答えるのか】**求められていることを短い言葉でとらえましょう。

つぎに、答えを書くときに**【ふまえる条件はなにとなにか】**を一つひとつ取り出してみましょう。親子でいっしょに問いの文の分析をやり尽くすことを心がけます。

自分なりの答えの構想を立てたうえで、模範解答を読んでみましょう。問いに対応する答えをどの程度表現すればよいのか確認していく作業をするのです。

（2）全国適性検査問題集を使用して

a　志望校の過去問に類似する他の学校の問題を選んで、問題文の「細切れ読み」と条件の摘出をして書くべき内容を構想します。

模範解答も読んで確認しましょう。

b　産業とエネルギー、自然と環境、福祉、マナー、日本の伝統文化、日本と世界の国々のかかわりなどに関する問題は、本文全体をよく読んで知識を確認することです。

c　作文は、志望校と同じ傾向や同じ出題形式の問題を選んで、書くべき要素を箇条書きに書き出してみます。

そして書く順番の構成を考えておくのです。余裕があれば、実際に書いてみてもいいでしょう。

d　地方の特性に関する問題は手をつけないでおきましょう。

適性検査前日と当日に注意すること

前日は受検票や筆記用具その他持ちものの確認をして、遅くとも10時には床につくようにしましょう。持ち物の確認は本人にさせたうえで親もかならず再確認しておきます。

当日の朝は、計算を3題ほどやって頭の回転をよくしておくとよいです。検査は、おおむね8時半集合、9時開始ですから、時間の余裕を持って家をでましょう。

この日ばかりは保護者がいっしょに検査会場まで行かなければいけません。自立した行動が大事だからといって子どもだけで試験に向かわせるのはもってのほかです。

事故や事件が起きるかもしれません。また2月の初旬は東京では雪が降って交通機関がマヒすることがあります。不測の事態にそなえて第2、第3のルートも考えておくとよいでしょう。

家をでるとき、または試検会場に入るときに「これまで培った自分の力を全部だしきること、それでいいのだよ」と安心させて見送りましょう。**【人事を尽くして天命を待つ】**の心境で合格発表の日を待ちましょう。

※「細切れ読み」について詳しくは若泉敏著、『公立中高一貫校合格への最短ルール　適性検査で問われるこれからの学力』（WAVE出版刊）をご参照ください。

佼成学園女子中学校

「PISA型入試の先駆者」

京王線の千歳烏山駅から、静かな住宅街を歩くこと5分あまり。佼成学園女子中学校（以下、佼成女子）に突き当たります。この佼成女子は、ここ数年、英語教育に力を入れることによって難関大学への合格実績を飛躍的に伸ばして注目されている学校です。

1 お得な学校という評価

「英語の佼成」で進学実績伸長

佼成女子では、中学の英語で習熟度別少人数授業を行っています。また、英語を楽しく学ぶために、ネイティブの先生による、きめ細かなコミュニケーション授業や美術・音楽のイマージョン授業、全校あげての「英検まつり」やイングリッシュサマーキャンプを実施。英語力を試せるニュージーランドへの修学旅行も行われます。

数学は先取りせず、体系的にじっくり学んでいます。授業では、宿題チェック表などの活用で家庭学習習慣をどんどんつけていきます。追試験を合格するまで実施しているのも特徴のひとつです。

高校では、ネイティブの先生によるすべて英語だけの授業もあれば、特進留学コースでは「クラスまるごと1年間留学」を実施するなど、いまでは「英語の佼成」と呼ばれるような英語教育のメソッドをつくり上げてしまいました。

さらに中学受験に「英語入試」を取り入れるなど、佼成女子は、まさに女子校の学校改革で先端を走っている学校とも言えるのです。

中学受験時の入り口の偏差値で言えば「入りやすい」のに、出口の進学実績は目を見張らせるものがあり、「入ったら伸ばしてくれるお得な学校」と呼ばれる学校、それが佼成女子です。

2 「PISA型入試」

世の中に先駆けて実施

また、佼成女子の入試改革のひとつに、世の中に先駆けて「PISA型入試」という名称の入試を採用したことがあげられます。

これは中学入試をあつかう週刊誌やテレビで毎月のように特集される思い切った入試形態でもあります。

「PISA型入試」とは、簡単に言えば、都立の中高一貫校で実施されている「適性検査」と同じタイプの問題で合否を決める入試のことです。

「国際学力調査の結果、日本の学力が低下しているようだ」というニュースを覚えておられるでしょう。この「国際学力調査」が、「PISA（Programme for International Student Assessment）」で、いわば、「学力の国際評価基準」、あるいは「学力調査のグローバルスタンダード（世界標準）」とも言えます。

従来の学力調査と大きく違うのは、「実生活で直面するさまざまな課題に、知識や技能をどう活用できるか」を評価する点です。

つまり、「学校学習での教科の理解度や定着度」ではなく、「将来、社会生活のなかで発揮できる力をどの程度身につけているか」をみる試験なのです。

このPISAのシステムに基づいてつくられているのが、佼成女子の「PISA型入試」です。

出題形式も、「国語・算数・理科・社会」というような科目別ではなく、「適性検査Ⅰ」「適性検査Ⅱ」という名称です。

ただ、佼成女子では、適性検査Ⅰ（社会理科算数の複合）、適性検査Ⅱ（５００字の作文がメイン）のほかに、基礎算数・基礎国語（合わせて40分）も実施して、都立の中高一貫校の入試では見極めきれない子どもたちの学力も見ていくところにキメの細かさを感じます。

都立中高一貫校を目指している受験生にとっては、同じ勉強が役に立つわけですから、非常にありがたい入試とも言えます。試験日は2月1日で、都立中高一貫校の試験日に先だって行われますから、併願受験としてだけでなく、試し受験としても大いに利用できる入試というわけです。

3 江川教頭先生に聞く

「PISA型入試」はここがポイント

ではここで、際だつ佼成女子の入試改革を先導してきた江川昭夫教頭先生に、特に「PISA型入試」について聞いてみました。

――なぜ「PISA型入試」を導入するに至ったのですか。

江川先生「国際学力調査であるPISAは、いまや学力調査のグローバルスタンダード（世界標準）となっています。すでに国際化教育では先へ先へと進んでいた佼成女子にとって、このPISAの理念を活かした入試は〝最適〟と考えたのです。また、新学習指導要領では、基礎・基本の習得や活用能力の育成などが盛り込まれました。これはまさに、PISAを意識した方向付けですから、私たちの考えの追い風ともなるものでした」

――佼成女子の「PISA型入試」の内容は、都立中高一貫校の出題とよく似ていますね。

江川先生「実は、都立中高一貫校の適性検査Ⅰ、Ⅱという選抜方法は、PISAを強く意識したつくりになっていますから、本校のPISA型入試と似た内容となるのは当然なのです。ですから、受験生は、本校のこの入試問題に歩調を合わせることで、都立の中高一貫校の適性検査への対応がしやすくなります」

江川昭夫 教頭先生

――従来と同じ形式の入試も実施しているのですね。

江川先生「佼成女子では、最新型のPISA型入試を行っていますが、これまでと同じスタイルの入試も実施しています。つまり、受験生が自分に合った入試を選べるようになっているのです」

――なぜ、いろいろな種類の入試を用意しているのですか。

江川先生「同じタイプの生徒が集まるよりも、さまざまな能力を持った生徒が学校にいた方がお互いを高めあうことができるのではないかと考えているからです。

1教科に秀でている生徒もいれば、応用力がある生徒、総合力がある生徒など、それぞれ違ったタイプの能力が集まり、相乗効果ともいうべき刺激を互いに与えあうことで、真の学力を身につけることができます。それが学校として最適の環境だと信じているからです。ですから、本校のPISA型入試では、適性検査だけではなく、〝基礎算数・基礎国語〟という試験も行い、さらに受験生の力を見定めようと努力しているのです」

――「PISA型入試」はその問題をつくる作業も大変でしょう。

江川先生「そうなんです。いろいろな教科の要素が入り込んできますので、多くの先生がたの協力を得て、普通の入試科目なら3カ月で作問できるものが、PISA型入試では8カ月はかかってしまいます」

――8リットルのバケツと3リットルのやかんで、1リットルの水を量るにはどうしたらいいか、といった出題もありましたね。

江川先生「発想の転換や、問題解決能力、そして自分の考えを簡潔に文章にして人にわかるように説明する力などが必要になってきます」

――これから佼成女子を目指そうという受験生、また同じような入試形態の都立中高一貫校を目指している受験生にメッセージをお願いします。

江川先生「本校のPISA型入試は、公立中高一貫校対応型となっておりますが、私立の独自性を担保するために基礎算数・基礎国語も受験していただく点も特長です。

佼成女子はこのPISA型入試のフロントランナーとして、さらに研究を重ねてまいります。PISA型入試や公立中高一貫校入試にご興味のある受験生は、ぜひ佼成学園女子中学校の受験もご検討ください」

森上教育研究所 森上展安 所長

見逃せない 難関大学合格実績の伸び

佼成女子は近隣の都立中高一貫校が旗揚げする前から「PISA型」入試を立ち上げ、そのニーズに応えようとしてきました。その努力の成果はこの入試での受験生が増え続けるという形で表れました。もちろん、その背景に、目を見張るような勢いの難関大学合格実績の伸びがあることは見逃せません。

佼成学園女子中学校 SCHOOL DATA

住所 東京都世田谷区給田2-1-1
TEL 03-3300-2351
URL http://www.girls.kosei.ac.jp/
アクセス 京王線「千歳烏山」徒歩6分、小田急線「千歳船橋」バス15分、「成城学園前」バスにて「千歳烏山駅」まで20分

学校説明会
11月12日（土）13:00～
12月17日（土）10:00～
1月7日（土）10:00～

オープンスクール ※要予約
11月12日（土）14:00～

PISA型入試問題学習会 ※要予約
12月10日（土）14:00～

出願直前個別相談会
1月14日（土）10:00～

本番へのラストスパート

入試直前 保護者はなにをすべきか

ペースをくずさないよう 最後まで計画的に走り抜けましょう

産経新聞 編集委員 大野 敏明

来年1月の埼玉県、千葉県私立中学の入学試験解禁まで、あと2カ月。残された時間はわずかになりました。最後の1カ月が入試の成否を決めるという話もあります。また、コツコツと勉強をしてきた受験生が、それまでのんびりしていた受験生にラストスパートをかけられてゴール直前でかわされて涙をのむ、といった話を聞くこともあります。いずれにせよ、最後の1カ月はとても大事だということです。保護者のかたも受験生もここまできたのですから、息切れすることなく、最後まで全力を出しきってほしいと思います。あとひとふんばりです。そこで、最後の1カ月、保護者と受験生はどう過ごしたらよいかを考えてみました。

生活はふだんどおりに 流れに乗ることが大切

まずはなんといってもふだんどおりにすることです。これまでのように学校に行き、塾に行き、食事をし、いつものとおりの生活を続けます。これまでのペース、リズムを大事にするということです。

受験生を特別あつかいすることもよくありません。「○○ちゃんは受験だから」などと言って食事に一品足したり、ほかの家族とはちがうメニューにしたりする家庭があると聞きますが、厳禁です。よい点をとったからといって、外食することなどもおすすめしません。よくあるのは、ほかの兄弟には間食を許さないのに、受験生にだけは好物のお菓子などを与えてしまうことです。ほかの兄弟への悪影響ももちろんですが、それ以上に受験生を追い詰めるか、あるいは受験生を高慢にしてしまいかねません。むしろ、ふだんどおりにすることが、一体感を強め、精神的な励ましになるのです。受験生を特別あつかいすることにより、兄弟の仲、あるいは親子の仲がぎくしゃくしてしまっては本末転倒です。

受験日やその前日に、「出陣式」などと称して、特別なことをする家庭もあると聞いたことがありますが、やめた方がいいでしょう。受験前日に特別メニューのごちそうをして、おなかがいっぱいになったりすると、健康状態を損ないかねません。あるいは気合いを入れる儀式をする家庭もあるかもしれませんが、受験生は子どもですから、かえって緊張をあおることになります。ふだんどおりにして、ふだんどおりの力が発揮できれば、合格の可能性は高いはずです。「いつもどおり」が大事なのです。

また、小学校で中学受験をする者が少数の場合、受験生は自分だけが特異な存在と感じてしまいがちです。しかし、そんなことはありません。学ぶときも遊ぶときも給食もみんないっしょ。学校ではふだんどおりに生活するのがよいのです。塾でも、自分だけの孤立した世界を持たないことです。数人、十数人の塾の同級生をライバルと思うより、情報を交換し、励ましあって、ともに合格をめざす同志と考えた方がずっと精神的に楽です。休み時間などは、むしろいっしょに談笑するぐらいがいいのです。

受験生はまだ小学校6年生の子どもです。家族や塾の先生など、多くの人が支援をしてくれますが、問題に取り組むのは自分ひとりです。試験会場ではだれも助けてはくれません。そういうときに大事なのは、「流れに乗る」ことです。学校であれ、塾であれ、受験生仲間であれ、家庭であれ、流れに乗ることをおすすめします。要するに単独の特異な行動や行為をしないということです。

大野 敏明
産経新聞編集委員。
『フジサンケイ　ビジネスアイ』に「がんばれ中学受験」と題して24回の連載記事を執筆。
自身も男児ふたりの中学受験に寄り添った経験がある。

受験会場でもそうです。学校到着から試験が終わって学校を出るまで、全体の流れのなかで行動しましょう。みんなが集まって昼食をとるならそうすればいいし、各自がひとりで食事をするなら自分もそうしたらいい。いつもどおりにし、流れに乗ることで実力が発揮できます。

受験の朝は親がいっしょに行くのがいいでしょう。子どもは心細いもの。どこどこの控室にいるから、と言うだけで、会えなくても子どもは安心します。

ペースを維持し復習に重点を

勉強面でも、「いつもどおり」が大切です。受験当日まで、勉強のペースを変えないことです。あと1カ月だからといって、改めて新しい勉強をしたり、試したりしない方がいいでしょう。なかには、「この問題集がいいと聞いたから」などといって、新たに問題集をやらせたりする保護者がいるそうですが、考えものです。塾では受験日に向けて、勉強のスケジュールを立てているはずです。スケジュールを乱すだけでなく、受験生に過重な負担をかけてしまいかねません。

なかには、受験直前の1カ月、学校を休ませ、受験科目だけを勉強させる保護者もいますが、おすすめできません。前にも書きましたが、要は受験の日にいつもの調子で試験にのぞめるようにすることです。

逆に、リラックスのためといって、受験前日に一切教科書もノートも開かないのもよくありません。いつものとおり、学校から帰っても、受験する教科の教科書や問題集を開き、勉強頭（あたま）を持続させることです。

あと1カ月となると、保護者も受験生もあせります。しかし、「まだ1カ月ある」と考える方が前向きです。さらに難しい問題にチャレンジしたり、しゃにむに暗記の幅を広げようとするよりは、これまでやってきたことをしっかり復習して、確実なものにする方が得策ではないでしょうか。

確かに、入試の直前に開いていたテキストに載っていた問題がたまたま出て、合格を勝ち取った、という話を耳にすることもあります。それは試験直前まで、手を抜くな、ということであって、いつでもだれでもそういう幸運が待っているわけではありません。小学校の4、5、6年と培ってきた実力が出せさえすれば、合格するはずですし、また合格する学校を受験しているはずです。

> **「勉強においても生活においても『いつもどおり』、これが大切です」**

だれでも入試となれば緊張します。緊張すれば、記憶力は落ち、覚えていたことがすらすら出てこないこともあります。そこであせると悪循環に陥ります。新しいことを覚えるよりも、これまでの記憶が着実によみがえるような勉強をする方が、確実性が高いと思います。

中学入試にかぎりませんが、入試は総合的な学力をみるものです。これまでの学習に加えて、さらに新しいことをつめこんで、子どものキャパシティーを超えてしまっては元も子もありません。社会でいえば、5年生のときにやった地理や、理科でいえば生物分野など、あのときはできていても、いまも覚えているとはかぎりません。もちろん、模試などでつねに復習はしているでしょうが、模試に出るのは一部だけ。全体を見渡して、もう一回知識を新たにし、記憶のサビを落としておくことが必要です。子どもの記憶力はじゅうぶんに豊かです。テキストを見るだけでも、記憶はよみがえるものです。新たな知識の幅を広げるよりも、深度を深める方がいいでしょう。

算数でも基本的なかけ算やわり算は、いちいち計算しなくてもいいように暗記させられたはずです。それを確認することも必要ですし、国語の漢字の読み・書きなどもおさらいした方がいいでしょう。最後の1カ月は、復習に重点を置いた勉強を心がけるということです。

そして、これがとても難しい決断なのですが、どうしても苦手な分野は、思いきって捨ててしまうことです。とくに算数、理科、社会では不得意分野ができやすく、何回やっても理解が追いつかない場合があります。入試までになんとしても覚えさせようと必死になる保護者もいますが、その結果、おさらいもおろそかになり、不得手分野の克服もしきれず、入試全体を失敗してしまうことになりかねません。

入試は満点でなければ合格できないわけではありません。どうしても克服できない分野を思いきって捨て、残りの分野で万全を期すという考えもあります。

また、受験の前日、学校を休むか休まないか、という問題があります。人によってちがうでしょうが、私個人は、第一志望校の前日は学校を休

精神力や健康など学力以外の面もケアしましょう

み、午前中は自宅などで勉強し、午後から塾へ行って士気を高めるのがいいのではないかと思います。しかし、本人が学校へ行きたいといえば、行かせた方がいいし、疲れ気味なら塾には行かずに、家でリラックスムードで勉強をするのもいいでしょう。

最後まであきらめない精神力も大切

受験生には、「最後の最後まであきらめずに全力で。お前ならかならず受かる」と日々激励することです。ただし、「万が一のことがあっても、それはそれで仕方がない。一生懸命やったことが大事」と付け加えることも忘れずに。

願書の受け付けが始まると、学校や塾は毎日、ホームページで倍率を発表します。それを見て保護者、受験生は一喜一憂します。しかし倍率にこだわる必要はまずないでしょう。発表される倍率は実質的な倍率ではありません。仮にどのような倍率でも、偏差値が足りていれば、合格の可能性はじゅうぶんにあります。

ある中学校の3回目入試の募集人員は40人でした。受験者は600人を超えました。倍率は15倍以上。受験会場で15人に1人しか合格しない、と思った瞬間から身がすくんで硬くなってしまいます。これでは実力は発揮できません。その学校の場合、実際に合格するのは倍の80人以上。実質倍率は7倍です。それでも7倍もあるではないか、と思ってしまうでしょう。ですが、もし偏差値が足りてさえいれば、実質倍率は2倍と思っていいのです。400人以上は偏差値が足りていないにもかかわらず、チャレンジで受けているのです。あきらめたらダメなのです。

精神力だけでは合格しないことはもちろんですが、精神力がなければ合格しないこともまた事実です。保護者も受験生も「絶対に受かってやる」といい聞かせて、自分を奮い立たせてください。

なんといっても健康第一体調管理はしっかりと

風邪のはやる季節ですから、人が集まる場所にはなるべく行かないことです。学校で流感がはやっていたら、この場合は学校を休む。とにかく、健康第一です。複数の学校を受験をする場合、もし前日や当日に熱が出たりしたら、残念ですが、受験をあきらめる勇気も必要です。そこで休んで、つぎの受験に備えるのです。もし、無理をして受験させてこじらせると、その後の受験すべてに響いてきます。第一志望校受験の日に、インフルエンザで高熱が出てしまったら、これまでの苦労が報われません。くれぐれも用心してください。塾に行くのに電車やバスを利用する場合はかならずマスクをし、受験の2週間前くらいからは、学校でもマスクをするくらいの用心深さが必要です。

保護者は受験会場を事前にチェックすることが必要です。受験日になって初めて会場に行くという受験生もいるようですが、保護者が自宅から受験会場までのルート、時間を計り、万が一にも遅刻しないようにしましょう。学校によっては学校以外の受験会場がある場合もあるので、念には念を入れておくことです。

もちろん、当日は早めに受験会場に行く。電車の遅れなど、思わぬアクシデントに備えて早め早めに行動しましょう。早く行った方が、受験生も余裕を持てます。ぎりぎりに到着すると、それだけで精神的にプレッシャーを感じますから。

そして、受験番号はなるべく若いものを取ることをおすすめします。なかには1番を取ろうと徹夜する保護者もいるらしいのですが、いくら若い番号といっても1番はちょっと考えものです。縁起をかついでのことでしょうが、1番をとるために、寒空で徹夜して風邪でもひいたら、受験に大きな影響が出ます。受験生だけでなく、保護者も健康管理にはじゅうぶんに気をつけたいものです。また、受験番号が1番だと、「1番の人から教室に入って」などと、受験会場で行動する際、いつも最初に指名されます。これはわずらわしいし、緊張します。

逆に受験番号があとの方だと、お試し受験や冷やかし受験、あるいはぎりぎりに受験を決断して願書を出した、第1志望ではない受験者が少なくありません。そういう受験生の多い教室では、緊張感が生まれにくく、なかには試験中にあくびをする受験生もいると聞きます。

ここはなんとしても、全体の3分の1以内ぐらいの番号をとって、第1志望という緊張感のなかで受験することが望ましいのです。

最後まで気を抜かず、合理的に行動して、親子で合格をつかみましょう。

SOAR AROUND THE WORLD

～　世界へ羽ばたけ　～

Ambition Hall（高志館）

■学校説明会【予約不要】

第３回 11月20日（日）
第４回 12月23日（金・祝）

各回 10：00～12：00
※各回とも同じ内容です。

■平成24年度募集要項（抜粋）

	第１回および帰国生	第２回	第３回
募集人員	男女100名 （帰国生若干名含む）	男女30名	男女20名
試験日	１月20日（金）	１月26日（木）	２月３日（金）
試験科目	４科目（国語・算数100点／50分、社会・理科50点／30分） ※面接は帰国生のみ実施します。		
合格発表	１月21日（土）	１月27日（金）	２月４日（土）
	※午前10時より午後４時まで校内掲示。HPでは午前10時より公表。		

〒271-8585　千葉県松戸市上本郷2-3621　TEL.047-362-9102
http://www.senshu－u－matsudo.ed.jp

先輩保護者に聞く！

本番へのラストスパート

入試本番が近づいてきました。最後まで受験をやりきるためには、あせらずに、子どもの様子を見ながら進めることが重要です。ここでは、中学受験を経験した保護者のみなさんが、どのように入試を乗り越えたのかをご紹介します。

受験をすることに誇りを持って

必死で闘い抜いた中学受験。多くの人とのであいが支えになり、乗りきることができました。　R・Aさん

R・Aさん（東京都）
1児の母。息子さんが中学受験を経験。ご自身も仕事をしながら、息子さんとの受験を乗り越えられました。

結果的には、息子は第1志望の学校に合格することはできず、1校だけ合格した中高一貫校に進学しました。現在息子は高校1年になりましたが、中学3年間でその中高一貫校を出て、高校受験でリベンジをし、第1志望の高校に合格することができました。

このような流れですと、中学受験に失敗したように思われがちですが、決してそんなことはありません。受験をとおしてさまざまな人とであうことができ、息子にとっても、そして母親である私にとっても大変意味のある経験になりました。その中学受験のようすについて振り返ってみます。

受験生の保護者との情報交換が大きな力に

秋を過ぎたあたりから、息子の成績は悪くなるばかりでした。毎日塾で残って勉強をしていたので、やる気を出したのだと思っていましたし、テストの成績などを見てもそんなに希望がないわけじゃないなと安心していました。

それなのに塾でのクラスはどんどん落ちていくのです。

それで息子に確かめてみると、テストの点数はトイレで改竄していて、塾で残っているときもひまつぶしの感覚だったようです。ほんとうにビックリしました。

やんちゃというようなタイプの子ではなかったのですが、とにかく言うことを聞かなくて…。いま思い出しても怒濤の日々でしたね。

そういうなかで、ほかの受験生のお母さんたちから聞く話はとても役に立ちました。

私は保護者向けの受験セミナーにも参加していたのですが、そこでは、トップ校をめざしている受験生のお母さんたちとであうことができ、勉強面から生活面まで、いろいろなことを教えていただきました。

「受験では、子どもに甘さを見せない強い決意が必要です」

たとえば私は、「塾が終わったあとに映画を見に行こう」などと軽い気持ちで息子に言うことがありました。しかし、それについても「楽しみをあとに与えるようなことをすると、子どもは楽しみの方に意識が行くから気をつけた方がいいよ。塾が終わったらまっすぐに帰らせる方がいいんじゃないかしら」と教えてくださいました。

実際そのとおりなんですね。映画に行くなんて言うと息子はそればっかり頭にあったみたいです。

私にはそういった甘さがあったんですね。

そうやってアドバイスをしてもらいながら、なんとか息子のやる気に火をつけようと必死になっていました。

どうすれば子どもの弱点を探せるか、そして同時に、どうすれば親の弱点も探せるかということを一生懸命考えていました。

受験がスタート なんとか最後までやり抜いた

入試は、1月入試の学校から始まりました。しかし、その学校は不合格でした。ものすごく緊張したようで、まったく実力が発揮できませんでした。この学校は入試の答案用紙を返してくださるので、お世話になっていたセミナーの先生にもお見せしたんです。そうしたら、「いつもの彼の解答とは思えない。なにを書いているのかもよくわからないくらいで、信じられません」と言われました。

当時のことを息子に聞くと「頭が真っ白でなにがなんだかわからなかった」のだそうです。本当に気が小さかったのでしょう。

不合格とわかったとき息子本人はもう顔面蒼白でしたが、「つぎがあるから、最後までがんばろう。親子で決めた学校だからどこに行くことになってもいいよね、楽しんで試験がんばろうね」と明るく言うようにしていました。

結果はその後もボロボロで、最後は武士が斬られながら進んで行くような感じでした。そんなズタズタになりながらも、息子は最後までがんばって受験して、そんな息子を誇りに思いました。とにかく最後までやりきったことは、よかったと思います。

受験校の先生にかけられた優しい言葉に号泣

受験が終わったあと、不合格になったある学校に、入試でどれくらいできたのか聞きに行ったことがありました。息子には酷かもしれないとは思いましたが、本人が行きたいと言ったのでいっしょに行きました。そのとき、対応してくれた先生にとても優しくしていただきました。

その入試担当の先生は、点数を教えてくれただけではなく、「中学受験だけで終わりじゃないんだよ。たとえば君がもしこれから仮に高校受験をすることになったら、それはそれでとてもすばらしいことだ。君はこの受験を機に勉強する楽しさを知ったのだから、これからさきもがんばってほしい」というとても希望のある話をしてくださったのです。

息子は気が小さいところもあったので、成績をいっしょに聞きに行くようなことをしても大丈夫かなと少し心配していました。でもその話を聞いて、私の方が号泣してしまいました。

学校からの帰りに息子は「本当に受験をしてよかった」と言ったんですね。それを聞いて私も、救われた気持ちになりました。

「本やネットで得る情報よりも保護者の生の情報がより重要です」

子どもの問題は親自身の問題でもある

中学受験を経験しての反省点はいろいろとありました。そのなかでも一番は、やはり私自身の心がまえであったと思います。

当時から私は、子育てが中学受験一辺倒になることを美徳としてはいませんでした。勉強だけが大切なことではないとか、人を押しのけてまで勝ってはほしくないとか、そういうことを当時は思っていました。しかし、そういう考え方では、受験に向かうには甘かったんですね。受験は勝負です。だから「勉強ばかりでかわいそうになってしまう」なんてことは言ってはいけなかったといまでは思います。

あとは、情報収集のやり方です。

私は息子の成績のことで悩みましたから、受験に関する本もたくさん読みました。たしかにそういう情報は役立つこともあります。でも、子どもの性格や、成績によってはその情報がまったく役に立たないこともあるのです。とくに受験本などは、勉強がちゃんとできる子、真面目にやれる子向けに書かれていることが多く、うちの息子にはそういう本はあまり役に立ちませんでした。

それよりも、ほかのお母さんや、受験を経験した先輩保護者のかたのアドバイスの方がずっと意味がありました。とくに直前になればなるほど、先輩保護者の情報は力になると思います。

選んだ学校には親子で誇りを持って

本番が近くなってきましたが、みなさんには、中学受験をする道を選んだことに自信を持ってがんばっていただきたいです。息子の場合には、中高一貫校を途中で転校することになってしまいましたが、私立中学には、公立にはないよさがたくさんあります。教育理念や、学校の雰囲気などを見て親子で決めた志望校は、どの学校もすばらしい学校のはずです。ですから、選んだ学校に誇りを持って、堂々と入試本番に向かっていってほしいと思います。

子どもの気持ちのケアを大切に

女の子だからこその悩みもありましたが、冷静に受けとめて、受験に集中できるようにしました。

T・Oさん

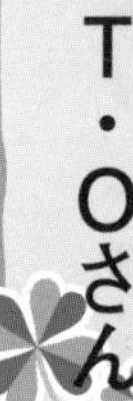

T・Oさん（神奈川県）
2児の母。おふたりの娘さんが中学受験を経験。おふたりともキリスト教系の女子校に進学されました。

長女と次女が、ふたりとも中学受験をしました。長女の受験当時は関西に住んでおり、向こうから首都圏の学校を受験しましたから、志望校選びの時点から手間がかかりました。勉強の面はもちろんのこと、それ以外のところでも、受験というものが初めてで、勝手がわからず大変なことが多かったです。

次女の受験のときにはもう首都圏にいましたし、私も長女の受験から学んだことをいかせたので、ずいぶんスムースにのぞめました。

悩んだことや困ったことも多かった長女のときのことを、おもにお話しします。

直前期には家庭でも勉強に注力

長女の受験でとてもよく覚えているのは、11月ごろにすごく成績が落ちたことです。それまでの成績はわりと安定していて、あまり落差がなかったのですが、その時期になって下がってしまいました。その成績を見たときは、志望校を変えなきゃいけないかなという気持ちにもなりました。

そう思いながらも、どこができなかったのかを、詳しく分析しました。どの問題ができなかったことが原因で成績が下がったのか、娘とよく考えてみました。たとえば、正答率を見て、みんなはできているのに長女ができていない問題があればやり直しました。すべてを見直すのは難しいですから、ピンポイントで復習をしましたね。

娘自身は、成績が下がったことで落ち込んでしまうようなことはありませんでした。偏差値が下がった、成績が悪くなったという表面的なことだけではなくて、どこに原因があるのかを考えることで落ち着けましたし、結局志望校は変えずに最後までそのまま行きました。

それから、直前期には、家庭でも算数の自習に力を入れていました。関西に住んでいましたから、首都圏の学校向けの対策は塾ではやってくれません。それでもほかの教科はなんとか塾の勉強でうまくいきそうだったのですが、算数はがんばって自習していかないと厳しかったですね。それで、朝早く起きて一日一問くらいずつ、無理なく続けられるよう問題集を進めました。

これには夫の協力があり、娘の勉強を見てあげていました。娘に解き方を教えるためには、夫自身が前もってその問題を勉強しておかなければならないわけで、ちょっと大変かなと思いながら頼んだのですが、夫はけっこうおもしろがってやっていましたね。夜仕事から帰ってくると問題集を解いて、朝教えるというサイクルで、なんだか楽しそうに協力してくれていました。

家でストレスをためないよう子どもとの時間を大切に

長女も、次女もそうでしたが、全然勉強をしないとか、宿題をやっていかないという類の困ったことはありませんでした。女の子はけっこうコツコツとがんばれる子が多いのかもしれませんね。

ただ、女の子は、友だち関係や身体の変化など、そういった面でのストレスがあると思います。中学受験をする時期というのは、そういう微妙な年齢です。

とくに長女は、小学校の途中で転校をし、大きな環境の変化がありました。転校先の学校には受験をする子がほとんどおらず、そのなかで娘だけが塾に通っていたことで、ちょっとなじめないところがあったんですね。それで学校に行くのがちょっとしたストレスになっていましたから、それをケアするのに工夫が必要でした。

このことでは私自身もすごく葛藤があって悩みましたね。家のなかでは、とにかく気持ちを落ち着かせようという努力をして、なるべく長女とふたりで話せる時間を持つようにしていました。たとえば、塾から帰ってきたあとに、ファミレスに行って宿題をしつつお茶でも飲んだり、そういうこともたまにはやってみました。下にも子どもがいて、そちらに

「家の外で感じているストレスをどうケアするかが悩みどころでした」

「どの学校に行くことになっても気持ちよく進学させたかったです」

も時間を取られますから、少し工夫して、長女の話をよく聞いてあげられるように気をつけました。

　また、中学受験の時期は反抗期でもあったので、初めのうちは言いあいになってしまうこともありました。しかし、だんだんそれにも慣れてきて、なるべく子どもの反抗する態度に乗らないように、怒りに怒りで返さないように対応できるようになりました。

どの学校に進学しても自信を持てるような配慮を

　長女の第1志望校は、ちょっとレベルの高い学校で、偏差値で見るとチャレンジ校でした。その学校には長女本人がすごくあこがれがを持っていまして、そこをめざしてがんばろうという位置づけだったんです。もちろん長女本人は合格できるようにがんばっているわけですが、偏差値などから見て、正直言ってちょっと厳しいかもしれないなという思いもありました。

　ですから、「第1志望以外の志望校もすごくいい学校だし、努力したことはかならず報われるからね」ということは言うようにしていました。もちろん第1志望校に受かればすごくいいですけれども、もしも不合格になってしまったときに、「いやだなあ」という気持ちで進学するのはよくないですからね。

　ただこれは、「第1志望に受からないかもしれない」と暗に言うことになってしまうので、どのように伝えるか難しかったです。やる気をそいでしまったり、「ダメなのかもしれない」と思わせたりしては意味がないですからね。タイミングや言い方に気をつけて言うようにしていました。

慣れない首都圏で緊張しながらもがんばった

　入試の前日には、首都圏の親戚の家に泊まり、なるべくみんなで楽しく夕ご飯を食べて、必要以上に緊張させないようにしましたね。初日は第2志望の学校で、過去問などもきちんとやりましたから「きっと大丈夫だよ」とか、「明日は落ち着いてやろうね」と声をかけるくらいにしました。

　それでも当日の朝はやっぱり緊張していたようです。でも、校門の前で塾の先生たちが握手をしてくれたり、がんばってねと送り出してもらったりしたことで、だいぶやわらいだようでした。関西から前日にやってきて、ひとりで本当によくがんばったと思います。

　結局、第1志望校は補欠合格にまでなったのですが、残念ながら不合格となってしまいました。第2志望の学校には合格できたので、そちらに進学することにしました。

　第1志望校の不合格がわかったとき、本人は、もちろん心のなかでは悔しかったのかもしれませんけれど、そんなに表には出しませんでした。

　むしろ親である私の方が葛藤があったかもしれません。もともとチャレンジ校だったとはいえ、補欠合格までしましたから、よけい残念な気持ちになって、「惜しかったなあ」なんて思ってしまいました。娘には「少ない枠を争っているのだし、あなたはすごくがんばったわよ」と言って励ましていましたが、やっぱり親の方がショックだったのではないかと思います。

　第2志望の学校も、納得して決めた学校でしたから、ポジティブな気持ちで進学しました。それでも親としては、「第1志望ではない学校で、うまくやっていけるかな」といった心配をしていたんです。小学校でうまくいかなかった時期もありましたし、そういう不安みたいなものは、いつもうっすらと感じていましたね。

　ただ長女自身は、そんなに第1志望校に受からなかったことへのこだわりはないようでしたね。実際に進学してからも元気に通っていましたし、楽しそうにしていました。だからやっぱり、親の方がショックを受けていたんですね（笑）。

中学受験は子ども自身のイベント

　これから中学受験に向かうみなさんには、「中学受験は子どものことなんだ」という意識を最後まで忘れないでいただきたいです。

　親御さんが、親御さん自身のために中学受験をやるという気持ちが少しでもあると、だんだんと間違った方向に進んでいってしまうのではないでしょうか。

　自分のことではなく、子どものことだと切り分けてやっていけば冷静な気持ちになることができます。冷静に、落ち着いた視点を持って、本番に向けてがんばってください。

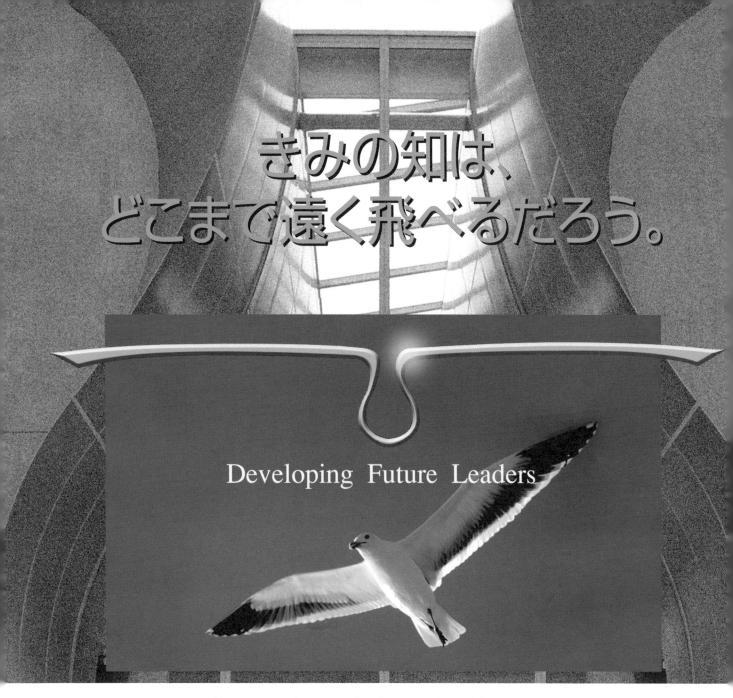

中学受験のための入学願書の書き方

入学願書は、志望する学校へ入学したいという意志を伝える大事な書類です。中学受験における願書記入は本人が願書を書くということはなく、保護者のかたが記入しますので、受験するお子さんのためにも、受験の第１段階として、入試要項をしっかり確認して、ミスなく記入したいものです。そこで、入学願書の書き方について注意点をまとめました。

願書の作成

Lesson 1 ▶願書記入に必要なものを準備する

願書

まずは願書を入手しましょう。願書は、第１志望、第２志望など受験が決定している学校だけでなく、受験する可能性のある学校の願書もすべて事前に入手しておきましょう。結果によって、駆けこみ出願になるかもしれない場合にも備え、直前にあわてることのないよう事前に書いておくとよいです。

筆記用具

指定がなければ黒か青のボールペンか万年筆で記入しましょう。予備として同じものを数本用意しておくとよいです。

学校案内

志望理由を書く際に、学校について確認しながら記入することができるので準備しておくと便利です。

写真

スピード写真の可・不可、サイズや撮影時期など学校によって条件が異なりますので、１校ずつていねいに確認して指定されたとおりにしてください。必要枚数よりも多めに準備しておきましょう。

印鑑・朱肉

スタンプ印は避け、朱肉を使用する印鑑で押印しましょう。

▶募集要項に目をとおそう

記入を始める前に、募集要項の隅々まで目をとおしてください。学校ごとに書式や記入内容、記入方法が異なりますので、1校ごとしっかり確認して、記入漏れやミスを防ぎましょう。

Lesson3

▶願書をコピーして練習する

願書を書く準備ができたら、いきなり清書をするのではなく、下書き用として、何枚かコピーしておきましょう。練習してから書くことで、ミスを防ぐことができます。また、下書きすることで文字の大きさや配置を確認できます。

Lesson4

▶願書に記入しよう！

清書です。下書きどおり、ていねいに記入しましょう。もし、まちがえてしまってもあわてずに。

ポイント

①楷書でていねいに書く

見た目がきれいであることに越したことはありませんが、どの学校にも共通していえることは、願書の文字のうまい下手で合否に影響することはありません。入学への熱意が伝わるように心をこめて、ていねいに記入することが大切です。

②文体は「です・ます調」で統一

志望理由など、ある程度の長さのある文章では、基本的に「です・ます調」で統一するとよいでしょう。「だ・である調」はやや高圧的な印象を与えてしまう場合があるので避けた方が無難です。

③余白はつくらない

志望理由などの文章で書く欄は、枠からはみだすことなく、なるべく余白をつくならいようにしましょう。

④まちがえてしまったら

修正液を使わずに、まちがえた箇所に二重線を引き、訂正印を押して直すのが一般的です。修正液を認めていない学校もあるので、勝手な判断は禁物です。また、募集要項の「記入上の注意」に訂正方法が書いてあることも多いので確認しましょう。

⑤不明な点は学校へ

願書を記入している際にわからないことができたら、直接学校へ問い合わせるのが一番です。問い合わせをしたからといって不利になることはありえませんし、親切・ていねいに教えてくれる学校がほとんどです。

1 受験回

学校によっては受験回ごとに願書の用紙がちがう場合や受験回を選択させる場合があるので、よく確認しましょう。

2 氏名・ふりがな

氏名は略字などを使うことなく、戸籍上の漢字で記入しましょう。ふりがなの書きもれにも注意し、ふりがなは、「ふりがな」ならひらがなで、「フリガナ」ならカタカナで書きましょう。

3 生年月日

学校によって、西暦の場合と元号の場合があるので、注意しましょう。

4 現住所

志願者本人が住んでいる住所を記入します。番地や部屋番号まできちんと記入しましょう。

5 写 真

最近ではスピード写真も可の学校がありますが、スピード写真やスナップ写真ではなく、専門店で撮影した証明写真を使用する方が望ましいでしょう。サイズや撮影時期など学校によって条件が異なりますので、1校ずつ確認して指定されたとおりにしてください。眼鏡をかけて受験する場合は、眼鏡をかけて撮影しましょう。不測の事態も考慮して必要枚数よりも多めに準備しておきましょう。また、万が一、願書からはがれてしまったときのために、写真の裏面に氏名と住所を記入しておきましょう。

6 印 鑑

朱肉を使用する印鑑を使いましょう。印がかすれないように、台紙などを下に敷いてからしっかりと押しましょう。

7 保護者の現住所

「志願者本人の住所と異なる場合のみ記入」と指示のある場合は、未記入でかまいません。指示がない場合は「同上」と記入するか、再度記入しましょう。単身赴任で住所が異なる場合は、その旨も明記しておきましょう。

8 緊急連絡先

受験中のトラブルはもちろんですが、補欠の繰りあがり合格の連絡など、学校からの緊急時の連絡に必要となりますので、確実に連絡がとれるところを書いておきましょう。保護者の勤務先を記入する場合は、会社名・部署名・内線番号まで書いておくのが親切です。最近では、携帯電話の番号でもかまわないという学校が増えてきました。その場合には、携帯電話の所有者の氏名・続柄も記入しましょう。

9 家族構成

「本人」を書く場合と書かない場合とがあります。「本人」を書く欄がない場合は、本人以外の家族を記入するのが一般的です。書く順番は、父、母、兄、姉、弟、妹、祖父、祖母がふつうですが、募集要項の説明のなかに明記されている場合がありますので、指示に従ってください。氏名は、名字を省略せず、全員のぶんを書きましょう。また、家族の続柄については、志願者本人から見た場合が一般的ですが、まれに保護者から見た続柄を書かせる学校もありますのでよく確認して指示どおりに記入しましょう。

10 志願理由

記入例Aのように、アンケート形式の学校や、ある程度の分量の文章で書かせる学校があります。

入学願書の記入例A

入 学 願 書

平成24年度
○○○○中学校

1 第1回入試用（試験日2月1日）

受験番号 ※

入学志願者	2 ふりがな	ごう かく た ろう
	氏名	合格 太郎
	3 生年月日	平成 11 年 5 月 19 日
	4 現住所	〒101-0000 東京都千代田区○○○ 2-4-2
	電話	03 - 0000 - 5944
	在籍小学校	東京都千代田区立○○ 小学校 平成 18 年 4 月 入学
		東京都千代田区立○○ 小学校 平成 24 年 3 月 卒業見込

5 写真貼付
（縦5cm × 横4cm以内）
正面・上半身・脱帽
カラー・白黒いずれも可
裏面に氏名記入

			年齢	志願者との続柄
保護者	ふりがな	ごう かく すぐる		
	氏名	合格 優 印 (6)	45	父
	7 現住所	<志願者と異なる場合のみご記入ください>		
	8 自宅以外の緊急連絡先	父の勤務先 03 - 0000 - 1234 株式会社○○出版		

9

家族・同居人（本人は除く）	氏名	年齢	備考
保護者	合格 優	45	御校の卒業生です
母	合格 秀子	42	
妹	合格 桜	9	

10

志 願 理 由
(教育方針) ・ **(校風)** ・ 大学進学実績 ・ 制服 ・ しつけ ・ 施設環境 **(家族に卒業生)** ／ 在校生がいる ・ その他（　　　　　　）

※この欄の記入は自由です。記入されても合否には一切関係ありません。。

通っている塾の名前を記入してください。	
○○○○○○	

入学願書記入例B

志願者氏名	合格 のぞみ

11 校内活動	部活動	ミニ・バスケットボール部
	クラス・生徒会での役員名	学級委員（小4／小5） 児童会副会長（小6）
12 校外活動	出場・出品の大会名その成績	ミニ・バスケットボール K市大会準優勝（小5） 全国児童読書感想文コンクール入選（小6） 東京都下水道ポスターコンクール佳作（小5）
	学校生活以外の所属団体名および活動内容	「多摩川を守る会・少年少女部会」会員 地域のボランティアとして多摩川の自然を保持するために流域の清掃活動などを定期的に行っています。
	趣味・特技・資格	ピアノ演奏 漢字検定3級（小5時に取得）

13 志望理由	小学校5年生のときから、本人が御校学校説明会やオープンスクールなどに参加させていただきました。そうした折りに在校生のみなさんに接し、「ぜひ、この学校で勉強してみたい」という強い希望をいだくようになりました。両親としても、先生方のお話をお伺いする過程で御校の教育方針に共鳴し、ぜひ娘にこうした良好な教育環境のもとで中学高校時代を過ごさせてやりたいと念願しております（母記入）。

11 校内活動

書ける範囲でかまわないので、なるべく記入するようにしましょう。

12 校外活動

小学1～6年まで該当する項目があれば記入しましょう。

13 志願理由

文章で書く場合には、枠からはみだすことがないように、なるべく枠をじゅうぶん満たして書くように心がけましょう。

また、学校の先生が目をとおすものなので、文体は「です・ます調」で統一します。

内容については、入学したいという熱意を学校へアピールするものなので、学校の教育理念や教育方針などへの共感、学校説明会や文化祭などの行事に参加したときの印象などを盛りこむのもよいでしょう。わが子をぜひ入学させたいという気持ちをご自分の言葉で綴ってください。

入学願書記入例C

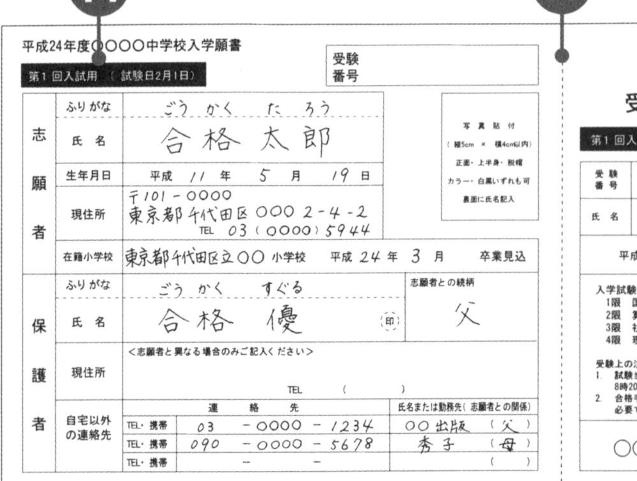

14

平成24年度○○○○中学校入学願書

第1回入試用（試験日2月1日）

受験番号	

志願者	ふりがな	ごう かく た ろう
	氏名	合格 太郎
	生年月日	平成 11 年 5 月 19 日
	現住所	〒101－0000 東京都千代田区○○○ 2－4－2 TEL 03（0000）5944
	在籍小学校	東京都千代田区立○○ 小学校　平成 24 年 3 月　卒業見込
保護者	ふりがな	ごう かく すぐる
	氏名	合格 優 ㊞
	志願者との続柄	父
	現住所	<志願者と異なる場合のみご記入ください> TEL （ ）

自宅以外の連絡先	連絡先	氏名または勤務先（志願者との関係）
TEL・携帯	03 －0000－1234	○○出版（父）
TEL・携帯	090 －0000－5678	秀子（母）
TEL・携帯	－ －	（ ）

写真貼付
（縦5cm × 横4cm以内）
正面・上半身・脱帽
カラー・白黒いずれも可
裏面に氏名記入

15

平成24年度

受験票

第1回入試用（試験日2月1日）

受験番号	
氏名	合格太郎

平成24年1月　日受付

入学試験時間割
1限 国語 8:45～ 9:35
2限 算数 9:50～10:40
3限 社会 10:55～11:35
4限 理科 11:50～12:30

受験上の注意
1. 試験当日この受験票をは必ず持参し、8時20分までに入室すること
2. 合格手続の際は、この受験票が必要が必要です。

○○○○中学校

14 受験回

受験回をよく確認してから記入しましょう。受験回によって願書の用紙がちがう学校もあります。

15 切り取り

学校で受付処理がすんだら返送されてきます。絶対に切り離さないようにしてください。

▶願書を書き終えたら

①再度チェックする

願書を書き終えたら、記入者本人がじっくりと確認することはもちろん、かならず複数の目で記入漏れやミスがないことを確認してもらいましょう。

②記入後の願書はコピーする

面接のある学校では、願書の記入事項をもとに質問される場合も多いので、学校ごとになにを書いたかを理解しておき、事前に確認するためにも、忘れずにコピーをとって保管しておきましょう。

③１校ずつ封筒に入れておく

書類がそろったら、1校ずつまとめて封筒に入れておくと、紛失防止にもなりますし、確認が容易です。封筒に学校名・受験回数を書いておくことも忘れないでください。

▶出願の際の注意点

①日程の確認

入試当日と同じくらい細心の注意を払わなければならないのが出願です。受験校の出願日程については、念入りに確認しておきましょう。学校によって、受付方法（窓口出願か郵送出願など）や出願期間がそれぞれ異なります。とくに出願最終日や締め切り時間は確認しておきましょう。

②必着？　消印有効？

学校によって出願方法はさまざまですが、郵送での提出の場合、締め切り日が「必着」なのか「消印有効」なのか出願期間をよく確認することが大切です。できれば余裕をもって送るのがよいでしょう。

窓口出願の場合は、締め切り日時や土日が休みかどうかの確認が必要です。学校によって異なりますが、窓口のみの受付の場合は出願初日の混雑が予想されます。受験番号の早い遅いで有利になったり、合否が決まるわけではありませんので、適切な時間帯を選んで出願の手続きをしてください。また、受付の際にその場で願書をチェックしてくれますので、誤りがあった場合のために印鑑、筆記用具は忘れずに持参しましょう。

③出願する学校を確認

複数校に出願する場合は、他校のものとまちがえないように注意しましょう。

Lesson 7

▶願書を提出し、受験票を受け取ったら、あとは本番を待つのみです。

コレで面接はこわくない!!

しっかりと準備をして乗り切ろう

お子さんが受験される学校に面接試験があっても、あわてる必要はありません。しっかりと下調べと準備をしておけば、なにも怖がる必要はないのです。面接試験についてまとめてみました。

中学受験で面接を実施する学校は、この10数年でかなり数を減らしました。その背景には学力重視の傾向や、受験生や保護者に負担をかけないようにという配慮があります。

その一方で、面接を引きつづき実施する学校も少なからずあります。編集部が実施したアンケートでは、東京都、神奈川県、千葉県、埼玉県で入試を行う私立・国立中学校のうち、返信があった272校中78校がなんらかのかたちで2012年度入試で面接を実施する予定があるということでした。

内訳は

・共学校25%(120校中30校)
・男子校16%(50校中8校)
・女子校39%(102校中40校)

となっており、男子校が少なく、女子校で多く実施される傾向があるのは従来と変わりません。なかには「2科受験生のみ」(京北)、「国際学級入試のみ」(攻玉社)、「帰国生入試のみ」(城西川越、高輪、桐光学園、渋谷教育学園幕張、西武学園文理、茗溪学園)、「第○回入試のみ」(江戸川学園取手、芝浦工大柏、二松學舍大柏、函館白百合学園、富士見丘)など限定的に行う学校もあります。

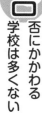

合否にかかわる学校は多くない

面接を実施する学校のうち、その結

果が合否に大きく、またはある程度影響する学校は多くはありません。アンケートで実施すると回答した学校のうち、「重視」「かなり重視」と答えたのは、江戸川学園取手、慶應義塾中等部、京華女子、修徳、西武台千葉、相洋、東海大相模、東京立正、東星学園、二松學舎大柏、日大二、八王子実践、富士見丘、雙葉、横浜共立学園の15校。それ以外の学校は「ある程度考慮」または「参考程度」「考慮しない」としている学校がほとんどでした。「重視」「かなり重視」という学校でも、対策をしなければ答えられないようなむずかしい質問はしないようです。

合否には直結しない学校が多いなかで、なぜ面接を実施するのかといえば、受験生やそのご家族と顔を合わせ、どういった思いでその学校を受験しているのかといったことを、直接確認したいということが第一にあります。また、学校側のことをより知ってもらいたいという思いもあるようです。

ですので、「緊張するとうまくしゃべれない」「人前で話すのが苦手」といった理由だけで面接がある学校を避ける必要はありません。一般的に面接がどのような形で行われ、どのような質問がされるかといったことを把握し、準備をしておけば、面接への不安を軽減することができるでしょう。

冷静に話を聞き考えて答えよう

面接で問われる内容は学校によりさまざまです。具体的な例については59ページの「面接での質問例」を参考にしていただければと思います。その質問例を見ていくと、特別変わったことを聞かれることはないということがわかります。

時間に関しても、長くても15分ほどで、短いところであれば5分ほどです。質問も多くて5問程度で、意地の悪い質問をされることはまずないと考えてよいでしょう。

大切なのは、「対策をしなければ」とあわてるのではなく、「面接での質問例」にあるような質問内容について、普段からご家庭で話しあわれることです。こうすることで自然と面接に対する準備ができてきます。これがいちばんの「面接対策」と言えるのです。

学習塾などによっては、模擬面接などを行うところもあります。このようなシュミレーションは大切な機会ですので、うまく利用しましょう。ただ、必要以上にその対策どおりにすることで、ほかの人と同じような答えになってしまい、自分の気持ちがしっかり伝わらないという事態は避けたいところです。本番では、なにを聞かれているのかを落ちついて聞いて、考えて答えられるように、気持ちを楽にしてのぞみましょう。

焦らずに落ち着いて会話を意識しよう

面接でいちばん大切なのは、言うまでもなく面接官との「会話」です。

「準備してきたことを話さなければ」と焦る気持ちはわかりますが、そのあまりに、面接官が質問している途中で話しだしたり、聞かれていないことまで答えたりするのは禁物です。これでは「会話」にはなりません。さきほど述べたように、面接官の質問をよく聞き、なにを答えればよいかを考えてから答えても遅くはないのです。面接官は、みなさんが自分の言葉で答えるのを待っています。

それさえできれば、あとは「話し方」と「姿勢」のふたつに注意すればじゅうぶんです。

「それでね」と友だちと話すような言葉や、「○○なんです～」と語尾を伸ばしたりする「話し方」は適切とは言えません。日ごろから語尾をはっきりとして話すようにしたり、友だちと話すとき、おとなと話すときで言葉づかいを区別するように心がけましょう。

「姿勢」に関しては、イスにあまり深く座らず、背もたれに背中が当たらない程度にして座るようにします。これもふだんから意識しておきましょう。座っているときに、手をぶらぶらさせたり、動かしたりしていると落ち着きがないように見えてしまいますので、面接中は両ひざの上に置くようにするとよいでしょう。

面接用に服装を準備する必要はない

みなさんのなかには「面接にはどのような服装でのぞめばよいか」と考えていらっしゃるかたもいると思います。どういった服を着れば印象がよいのか、といったことは気になる点でしょう。ですが、とくに服装を気にしすぎる必要はありません。

どの学校も「服装を意識する必要はありません」ということを明言しています。服装のために評価が変わるということはないのです。むしろ、筆記試験終了後に控え室で別の服を取り出して着替えることの方が不自然だと感じる学校も多いようです。

口頭試問の場合

例外的に「面接」ではなく、「口頭試問」を行う学校があります（桐朋女子など）。口頭試問では、まず事前授業があって、その内容について面接官より質問がなされる、または、教室で全員に同じ内容のビデオを見せ、その後ひとりずつ面接室に入って質問に答えるといった形式があります。

また、有利・不利が出ないように、口頭試問が終わった受験生がほかの受験生に接触できないように学校側は配慮します。

口頭試問では、志望動機や、学校に入ったらなにをしたいか、といった面接で一般的に聞かれることのほかに、事前授業のテーマに沿った内容が質問されます。口頭試問は、点数化して学科試験と合わせて合否の判定材料とされる点で面接とは異なります。

事前授業でのようすも観察されています。

口頭試問の目的は、学科試験でははかれないプレゼンテーション能力や表現力を見ようとしているので、後ろ向きにとらえず、むしろ自分の長所をいかすという気持ちでのぞみましょう。

控え室での過ごしかた

最後に、控え室での過ごし方について説明します。

意外と長い時間、控え室で待つことになった場合、筆記試験が終わった安心感もあり、緊張感が薄れてしまいがちです。そこで友だちと大声で話したりして、周りの人に迷惑をかけないようにしてください。

なぜなら、控え室でどのように過ごしているかも学校側は見ていることがあるからです。面接は控え室から始まっていると考えて、最後まで気を抜かず、本を読んだりしながら気持ちを落ち着かせて自分の番を待つようにしましょう。

また、控え室では面接時の案内や注意が行われますので、聞き逃さないようにします。とくに「入室の仕方」は学校ごとにちがいがあり、かならず説明がありますので気をつけましょう。

面接で知っておきたい

面接には大きく分けて、受験生のみの個人面接、受験生のみのグループ面接、受験生と保護者の面接、保護者のみの面接という4つのパターンがあります。ここではその4つのパターン別に注意すべき点をあげてみました。

パターン①

受験生のみ（個人）

中学入試の形式で最も多いかたちがこの受験生のみの個人面接です。一般的には受験生ひとりにつき面接官は1～3名で、時間も長くありません。ひとりでのぞむぶん緊張感も強いかもしれませんが、入室の仕方やイスの座り方などをよく確認しておき、落ち着いて入室できるようにしましょう。あとは面接官の質問をよく聞き、ハキハキと答えるようにすれば大丈夫です。

パターン②

受験生のみ（グループ）

このパターンでは、受験生3～6名に対して面接官が2～5名というかたちが多いようです。グループのぶん、個人よりも全体の時間は長めになります。順番に質問されるのが一般的ですが、ある質問について挙手を求められることも。また、受験生同士の討論形式もあるようです。この場合も、人の話をしっかりと聞いて自分の考えを述べることが大切です。

パターン③

受験生＆保護者

面接官は1～3名というかたちが多いようです。保護者の出席は、とくに学校から指定がなければひとりで問題ありません。ここでは、親子の関係を見ようとしていますので、親子で答えが大きく食いちがわないようにしましょう。また「質問された方が答える」ことも重要です。受験生が質問されているのに、横から保護者が答えるようなことはないよう注意してください。

パターン④

保護者のみ

面接官1～2名が一般的です。ここでもとくに学校の指示がなければ出席はひとりでも構いません。このパターンは、受験生のみの面接と並行して行われます。受験生と保護者は同席しないわけですから、志望動機などでそれぞれがちがうことを答えたりしないよう注意しましょう。また、ここでは家庭内での教育方針や学校の教育方針への理解などについても質問されます。

面接での質問例

受験生への質問例

- 名前と受験番号を言ってください。
- 本校を志望した理由を言ってください。
- 小学校でいちばん好きな場所はどこですか。
- 家でいちばん好きな場所はどこですか。
- きょうの筆記試験はできましたか。
- 最近、どんな本を読みましたか。
- 好きな本はどんな本ですか。
- 最近、気になったニュースはどんなことですか。
- この学校に入学したら、いちばんやりたいことはなんですか。
- あなたの尊敬する人物はだれですか。その理由は？
- あなたが大切にしているものはなんですか。
- 家からこの学校に来るまでの経路を簡単に説明してください。
- 小学校生活で、最も心に残っていることはどんなことですか。
- あなたの小学校の校長先生のお名前をフルネームで言ってください。
- どんなテレビ番組をよく見ますか。
- いままで、いちばんうれしかったことと、悲しかったことはなんですか。
- あなたは、どんなスポーツが好きですか。
- この学校に入ったらどんなクラブ活動をやってみたいですか。
- いま、ここに新しいクラスの友だちがいると考えて、簡単に自己紹介をしてください。
- ここは宇宙船のなかです。どんな星に行ってみたいですか。
- タイムトラベルするとしたら、だれとどの時代に行ってみたいですか。
- 歴史上の人物で、だれにでも会えるとします。あなたはだれに会いたいと思いますか。そして、その人とどんな話をしたいですか。
- 地球環境保全について、どんなことを考えていますか。
- 地球に優しいことを具体的になにかしたり心がけていることはありますか。
- お母さんの料理で、なにがいちばん好きですか。
- おうちで、あなたが担当しているお手伝いはどんなことですか。
- いま、クラスでいじめにあっている人がいるとします。あなたは、どうしますか。
- ピアノを習っているそうですが、好きな曲はなんですか（習いごとがある場合、それぞれに合わせた質問になる）。
- （面接の待ち時間に「絵本」を渡されていて）絵本を読んだ感想と、その絵本を知らない人に内容を紹介してください。
- 本校のほかに受験している学校はありますか。
- 本校の志望順は。

保護者への質問例

- ご家庭でお子さんをお育てになるうえで、とくに留意されていることについて。
- 志望理由について（事前提出の願書やアンケートを見ながら）。
- 日ごろ、家庭で話をする内容について。
- 通学に要する時間について（通学経路を含む）。
- 本校のことを、どのようにして知りましたか。
- 中高6カ年一貫教育についてどうお考えですか。
- 近年の「学力低下傾向」の指摘について、どうお考えですか。
- 親子のコミュニケーションで気をつけていることはなんですか。
- 最近、お子さんと話した話題について。
- 家族でお休みの日にはどう過ごしていますか。
- ご家庭で決まっているルールはなにかありますか。
- なぜ、本校をふくめて私立中受験をお考えになったのですか。
- 本校についての印象を教えてください。
- お子さんは、どのような性格ですか。
- お子さんの長所と短所をあげてください。
- お子さんを、どんなときにほめてあげますか。
- お子さんの名前の由来はなんですか。
- ご家庭でお子さんの果たす役割はどんなことですか。
- お宅では、お子さんの携帯電話所持について、どのようになさっていますか。
- お子さんの将来について、保護者としてのご希望はありますか。
- 本校へのご希望としてどんなことでもおっしゃってください。

開智の教育を開発する開智未来

23年4月埼玉県加須市に開校

開智中学・高等学校（東京大学合格現役15名　埼玉No.1）のパイロットスクールが今春開校。先進的・本質的な学びを開発する精鋭教師陣が開智未来に集結！

開智学園の教育を開発する

開智未来は、これまで開智中学・高等学校が積み上げてきた教育の成果の上に、さらに「知性と人間を追究する進化系進学校」として、新しい教育実践を開発して子どもたちを伸ばし、その成果を地域および全国に発信し社会に貢献する学校を目指します。

理科の校内フィールドワーク

校長自らが行う哲学の授業、環境未来学、未来型知性を育成するIT教育、論理的思考力を高める論理エンジン、コミュニケーション型知性を育む学び合い、学校・家庭・地域連携の共育など、さまざまな教育活動を開発し、発信していきます。

4つの知性を育てる

最難関大学合格を可能にする学力、そして、生涯にわたって発揮される学力を育成するために「4つの知性の育成」を謳っています。4つの知性とはIT活用力などの未来型知性、カナダ環境フィールドワークなど体験や行動を重んじた身体型知性、暗誦教育に代表される伝統型知性、そして、対話的授業や生徒どうしの学び合いによるコミュニケーション型知性で、それらの知性をバランスよく磨き上げる授業を目指しています。

関根校長の哲学の授業

開智未来では、関根校長自らが週1時間、「哲学」の授業を行っています。校長は東京大学で教育哲学を学び、公立高校教員となり51歳で校長の職を辞して開智高等学校校長を2年間務めた後、開智未来中学・高等学校の校長となりました。

「人間が育つから学力が伸びる、学力が伸びるから人間が育つ」というサプリの考えに基づき、哲学の授業では思考力や言葉力を育成するとともに、学びのスキルや「人のために学ぶ」志を鍛えます。

一緒に未来を創る精鋭教師陣

関根校長と共に、「開智未来」の教育を開発するにあたり、優秀なスタッフが集結しました。その一部を紹介します。

公立高校から迎えた加藤教頭は、文部科学大臣表彰を受けた情報教育の第一人者で、教頭として学校全体の教育活動を取りまとめる一方で、「未来型知性」育成プログラムの責任者として開智未来の教育を創っていきます。

公立中学校から迎えた国語科の堀口教諭は、「論理エンジン」を導入して、論理的思考力を高める授業を開発しています。言葉力をゆたかに育て国語力を高める独自の「堀口メソッド」は有名です。

数学科の藤井教諭は開智中学・高等学校（中高一貫部）から異動しました。独自のテキストを開発し、「試行力・直観力・説明力・俯瞰力」を養成する「数学教育理論」で、数学好きの生徒を育てます。

英語科の原田教諭は開智小学校（総合

関根校長のサプリ

部セカンダリー）から異動しました。キャビン・アテンダント、スイス銀行などのキャリアを生かし、「シャドーイング・多読プログラム・速読演習」や「英語合宿・カナダ環境フィールドワーク」を企画・推進し、国際化に対応する「開智未来の英語」を開発しています。

保健体育科の小林教諭は、授業姿勢を支える体幹づくりやパワーヨガなど、学力を支える「開智未来の体育」を開発しています。前任の開智高等学校（高等部）では、進路実績をだす学年主任として評価も高く、開智未来では生徒指導主任として未来生の志を育てます。

学びのスキルがアップする説明会

開智未来の説明会では、関根校長が小学生親子サプリを毎回実施し、メモのスキルを鍛え、学習方法のアドバイスを行います。今後の入試問題解説会、クリスマスサプリでもバージョンアップで実施します。一足先に日本で開智未来だけの「哲学の授業」を体験しましょう。

チャンスが広がる4回の入試

開智未来の入試は「知識・思考力・記述力」を異なる尺度で問う入試を4回実施します。さいたま市の開智中学校「第1回」および「先端A」入試の午後入試として、開智未来の「第2回」および「未来選抜」入試を実施します。開智中学や都内難関校との併願者向きの問題で、開智中学校とさいたまアリーナが会場となります。また、「第1回」および「第4回」入試は、基礎的な知識をもとに思考力や記述力を問う問題です。

受験料は、4回すべて受験しても2万円、開智中学校と計8回の入試をすべて受験しても3万円で受験できます。

朝の学び合い

入試問題解説会（事前予約不要）クリスマスサプリ（ホームページで事前予約制）

場所：開智未来中学校　（栗橋駅・加須駅よりスクールバス運行）
自家用車で来校できます。各回とも上履き・筆記具をご持参ください。

	時　間	内　容	スクールバス運行時刻 終了時の各駅行バスも有
11月20日(日)	14時00分～	（入試問題解説会）90分 校長からサプリ的メッセージ ４教科入試アドバイス 受験生・保護者対象	（10時開始の説明会） ※栗橋駅西口発バス運行 ９時10分・30分 加須駅北口発バス運行 ９時10分 （14時開始の説明会） ※栗橋駅西口発バス運行 13時10分・13時30分 加須駅北口発バス運行 13時10分
11月23日(祝)	10時00分～		
12月10日(土)	10時00分～	（小学生サプリ）　90分 小学生サプリ 国算模擬問題と解説 受験生・保護者対象 ※各回90組限定の予約制 11月20日以降予約開始	
12月17日(土)	10時00分～		
12月23日(祝)	14時00分～		

※入試問題解説会（２回実施）の内容は同じです。クリスマスサプリ（３回実施）の内容も同じです。

入試までに気をつけたい病気

これからの季節、体調を崩して勉強時間を取られてしまうのはもちろん、受験期に自分の実力をだせないことはどうしても避けたいものです。これから注意すべき病気や疾患について知り、ちゃんとした対策を取りましょう。

医療法人社団裕健会理事長　神田クリニック院長　馬渕浩輔

インフルエンザ

受験期において最も避けたい病気のひとつは12月から3月に流行するインフルエンザです。

インフルエンザという病気はインフルエンザウイルスによって引き起こされるもので、大きな流行を起こすものはA型（ソ連型・香港型）、B型、新型に分けられます（C型もありますが、軽症のことが多い）。

インフルエンザと風邪との大きなちがいは、急激な発熱の有無です。38度以上の高熱がでて、その後、悪寒や激しい関節痛など全身症状が見られます。治療をしなければ、熱は1週間ほど続いてしまいますし、悪化するとさまざまな合併症を引き起こす恐れもあります。

治療

インフルエンザは潜伏期が1日～4日くらいと言われています。発症後48時間以内に抗インフルエンザ薬を投与することで、症状を大きく改善することができます。熱については遅くとも2～3日で下がると思います。ですから急激な発熱がでた場合には医療機関を受診して検査を受けることが大切です。

また、もし48時間を超えた場合でも、必ず医療機関を受診してください。もしインフルエンザの症状が強くでている場合には、医師の判断で抗インフルエンザ薬を投与することもあります。使わなくても、症状を和らげるなどの治療が中心となりますが、それも医師の指示に従ってください。

　薬局などで購入できる市販薬ではのどの痛みや発熱などの症状の緩和はできますが、根本的な治療にはなりません。

　インフルエンザで寝ているときも食事を摂ることが大切です。食事を摂らないと免疫力が低下して、ウイルスを輩出する力も弱くなってしまいます。

抗インフルエンザ薬

　抗インフルエンザ薬のタミフルが服用後の異常行動や副作用などで一時問題となったことがありましたが、現在若年者の治療はタミフルよりもリレンザやイナビルといった吸入タイプの抗インフルエンザ薬が主流となっています。

　昨年から新しく使用されるようになったイナビルという薬は1回吸入すればいいというものです。リレンザであれば5日間吸入が必要だったのですが、イナビルだと1度ですみます。

　中学受験の小学生であれば、きちんとできる簡単なものです。現在、副作用についての大きな報告は、とくになされていないので、イナビルでの治療が主流になってきています。

気をつけたい対応策

　熱が高いからと言って、お子さんにアスピリンやロキソニンなどの解熱剤を投与することは厳に慎んでください。脳症など脳の問題を引き起こす場合もあります。どうしても解熱剤が欲しい場合は、医療機関の診断を受けてアセトアミノフェン（商品名：カロナール）などの薬を処方してもらってください。

予防ワクチン

　インフルエンザを予防するために最も効果が高いと言われているのがワクチンの接種です。近年ではA・B・新型の3種混合のものを受ければよいので、新たに新型に対するワクチンを受ける必要はなくなりました。

　ただ、免疫力が低い13歳以下のお子さんは2回打つ必要があります。ワクチンは効果がでるまでに約2週間、有効期間は約5カ月と言われています。

　それらを考慮して、受験を考えているご家庭においては、1回目は年内の早いうちに、2回目は年が明けた1月に打つのがよいかと思います。

完治の目安

　インフルエンザの完治は、原則、発症の翌日から7日間かつ解熱後2日間とされています。発症後早めの処置で、抗インフルエンザ薬を使うと、2〜3日で解熱をし、関節痛も取れてきます。ただ、そこで治ったと思って外にでるのは控えましょう。

　イナビル等の抗インフルエンザ薬を使うと急速にウイルスは減りますがゼロになるわけではありません。まだ保菌しているので、その状態で外にでるとインフルエンザの菌をまき散らしてしまうことになるからです。

風邪

風邪症候群、いわゆる風邪はRSウイルスやアデノウイルス、ライノウイルスなどの感染症を総称して風邪症候群と呼んでいます。

風邪の症状としては、熱がでてもそこまで高熱になるとことはありません。主に鼻水、鼻づまり、咳（せき）、痰（たん）、のどの痛みなどです。1週間以上それらの症状がつづく場合は別の病気を疑った方がよいでしょう。

風邪の場合は、インフルエンザとちがって、抗ウイルス薬が存在しないので、自然治癒することがほとんどです。よく休む、寝る。食事（栄養）をきちんと摂ることが大切です。また、脱水にも気をつけ、よく水分を摂るようにしましょう。

ウイルス性胃腸炎

ロタウイルスやノロウイルス、アデノウイルスと言ったウイルスによって引き起こされる腸炎にもこの時期気をつけたいものです。

おもな症状としては急激な吐き気、おう吐、腹痛、下痢などがあります。

ノロウイルスはカキなどの二枚貝に存在すると言われていますが、貝類を食べてないからかからないというわけではありません。これらのウイルスは吐物や便器、水道の蛇口などに付着していることが多いので、つねに清潔にしておくことが重要です。

マイコプラズマ肺炎 百日咳

咳が長く続いた場合は、マイコプラズマ肺炎、百日咳を疑う必要があります。咳が1～2週間続く場合は医療機関で診察を受けさせてください。

症状はおもに乾いた咳が続くだけですが、微熱が続く場合もあります。悪化すると、肺炎を起こしたり、髄膜炎を起こすこともあると言われています。

病気の素朴な疑問

どこまでなら市販薬で大丈夫?

鼻水、咳、痰くらいであれば、最初は市販薬でも大丈夫でしょう。ただ、2、3日使ってみて、症状が改善しないようであれば、医療機関を受診した方がよいです。

病院で感染することもありますか?

この時期、小児科にはすごい数の患者さんが来られます。そうすると待合室で感染してしまうことも考えられます。

発熱が非常に強いときや、明らかにインフルエンザが疑われるときには、どういう対策を取るべきか一度小児科に電話をして話しておいた方がいいでしょう。医療機関には電話をしてから行った方がいいでしょう。

待ち時間の問題や、感染予防のこともありますし、施設によっていろいろ変えていますので、どこの病院を受診するにしても、電話予約をしたいものです。

お風呂には入っていいの?

お風呂は高熱がでている場合は避けた方がよいですが、昔とちがって絶対に入ってはいけないということはありません。37度程度の微熱であれば、汗を流すなど清潔にするという観点から入ってもかまいません。

水分は摂った方がいいのですか?

子どもの尿の回数が少なくなっていれば、脱水を起こしている可能性があります。尿が減ってきていたり、尿の色が濃くなってきているという現象は注意するべきサインです。発熱がある場合は、水だけで少なくとも1日1・5ℓは摂らせるべきです。

病気を予防しよう！

インフルエンザや風邪は、ウイルスの飛沫感染によって引き起こされます。そのため、くしゃみやせきを直接浴びることのないようにすることが重要です。集団生活を行う学校や電車、バスなどの公共交通機関、あとは、人の多いところで感染することが多いです。

●うがい

うがい用にイソジンなどのさまざまなうがい薬がでていますが、絶対に使用しなければいけないものではありません。真水でもじゅうぶん効果はあるので、外出後には必ずうがいをしましょう。

●手洗い

外出先でいろいろなものを触っているので、手指に菌がつきやすいです。指や手のひらといった大きな部分だけではなく、指と指の間もきれいに洗うということが大事ですね。

●タオルの共有を避ける

うがいや手洗いのあとは、ペーパータオルを使うか、一人ひとり個人的にタオルを持って使う習慣にしましょう。タオルを共同で使うことによって家族内で感染してしまうこともあります。

●マスクをする

ウイルスは非常に小さいのでマスクの穴を通すこともありますが、直接、飛沫を浴びないという意味では意味があります。また、マスクをすることによってのどの湿度があがります。インフルエンザは乾燥しているところを好むので、湿度を与えるという意味では防御ができるのです。

●加湿

鼻やのどの粘膜が乾燥するとウイルスなどから守る働きが弱くなってしまいます。それを防ぐためにも、加湿機を使ったり、水を張っておくとか、洗濯物を干したりして工夫をする必要があります。

世界の星を育てます

MEISEI

中学１年生から英語の多読・多聴を実施しています。
また、「わくわく理科実験」で理科の力を伸ばしています。

学校説明会

11月12日（土）
14:00～
模擬試験（小6対象）
【要予約】

11月25日（金）
19:00～
Evening

12月17日（土）
14:00～
入試問題解説

1月14日（土）
15:00～
面接リハーサル（小6対象）
【要予約】

※説明会は予約不要

学校見学

月～金　9:00～16:00
土　9:00～14:00

※日曜・祝日はお休みです。
※事前にご予約のうえご来校ください。

入学試験

2月　1日（水）
2月　2日（木）
2月　4日（土）

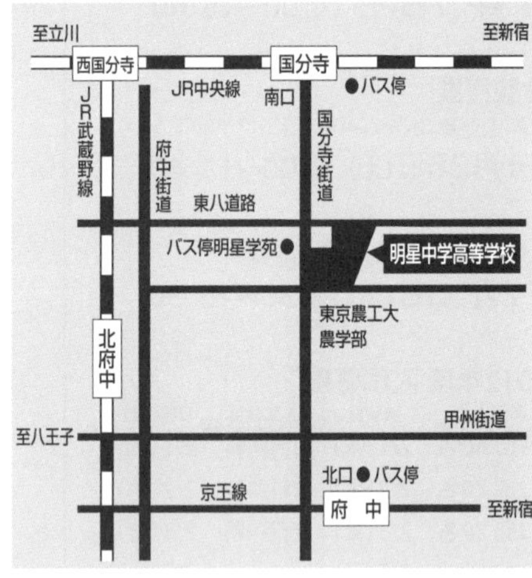

ご予約、お問い合わせは入学広報室までTEL．FAX．メールでどうぞ

明星中学校

〒183-8531　東京都府中市栄町１－１　入学広報室
TEL　042-368-5201(直通)　FAX　042-368-5872(直通)
(ホームページ)　http://www.meisei.ac.jp/hs/
(E-mail) pass@pr.meisei.ac.jp

交通／京王線「府中駅」
JR中央線／西武線「国分寺駅」
徒歩約20分
またはバス（両駅とも2番乗場）約7分「明星学苑」下車
JR武蔵野線「北府中駅」より徒歩約15分

新校舎・新カリキュラム！

「知性」が「感性」を支えるという考えは変わらず、中高ともに美術と学習の両面を重視する教育を実践してきました。
本校の進路実績では、毎年約9割が美術系に進路をとりますが、これは生徒自らが進路を選んだ結果です。
美術系以外の大学に進む者も例年ありますが、この生徒たちと美術系に進む生徒たちに差はありません。
皆「絵を描くことが好き」というところからスタートしたのです。
それは勉強にも生かされます。物を観て感性がとらえ、集中して描くことは、勉強に興味を持ってそれを学問として深めていく過程と同じなのです
そして絵を描くことで常に自分と向き合う時間を過ごし、創造の喜びと厳しさも知ることで絵と共に成長するのです。
それが永年の進路実績に表れています。

■平成23年度　受験生対象行事

11月12日(土)	公開授業	8:35～12:40
11月19日(土)	公開授業	8:35～12:40
	学校説明会	14:00～
12月 3日(土)	ミニ学校説明会	14:00～
1月14日(土)	ミニ学校説明会	14:00～

■女子美二ケ中学生・高校生美術展

11月11日(金)～11月19日(土)
9:00～19:00　本校エントランスギャラリー

■高等学校卒業制作展

3月6日(火)～3月16日(金)
10:00～17:00　本校エントランスギャラリー

●本校へのご質問やご見学を希望される方には、随時対応させて頂いております。
お気軽にお問い合わせください。

■平成24年度募集要項(抜粋)

	第1回	第2回
募集人員	女子110名	女子25名
考査日	2月1日(水)	2月3日(金)
試験科目	2科4科選択 国・算　各100点 社・理　各　50点 面接(約3分)	2科 国・算　各100点 面接(約3分)
願書受付	【郵送必着】 1/20(金)～1/30(月) 【持参】 1/31(火)12：00まで	【郵送必着】 1/20(金)～1/30(月) 【持参】 1/31(火)・2/1(水)・2/2(木)
合格発表	2月1日(水) 19：00～20：00頃	2月3日(金) 17：00～18：00頃
	校内掲示・HP・携帯サイト	

女子美術大学付属高等学校・中学校

〒166-8538　東京都杉並区和田 1-49-8　TEL 03 - 5340 - 4541　URL http://www.joshibi.ac.jp/fuzoku/

ここから始まる　未来への道
TEIKYO JUNIOR HIGH SCHOOL

学校説明会　予約不要

11月26日（土）　13：30～
12月10日（土）　13：30～
1月14日（土）　13：30～

合唱コンクール

11月 24日（木）
10：00～12：00頃
会場：川口総合文化センター

平成24年度 入試要項(抜粋)

	第1回	第2回	第3回	第4回
募集人員	男・女 140名			
	男・女 70名	男・女 40名	男・女 20名	男・女 10名
入試日時	2月1日(水) 8:20集合	2月2日(木) 8:20集合	2月3日(金) 8:20集合	2月4日(土) 8:20集合
試験科目	A：２教科型(国語・算数・英語の中から２科目を選択) または B：４教科型(国語・算数・社会・理科)			
合格発表	◎入試当日の 15:00 ～ 16:00 ◎校内掲示およびホームページで発表			

TEIKYO
帝京大学系属
帝京中学校

〒173-8555 東京都板橋区稲荷台27番1号　TEL. 03-3963-6383
● J R 埼 京 線『 十 条 駅 』下 車 徒 歩 1 2 分
●都営三田線『板橋本町駅』下車A1出口より徒歩8分
http://www.teikyo.ed.jp

困ったときのアドバイス

試験当日の行動Q&A

入学試験が近づいてきました。子どもだけではなく、ご両親も中学受験を初めて経験する人も多いはずです。そこで、試験当日の対応を中心に、もしものときのために、どう行動すればよいのかをお答えしていきます。

Question

Q1　試験当日は何時に起きればいいの?

Q2　受験生は会場にはひとりで行くの?

Q3　電車が遅れて遅刻しそうなときはどうすればいいの?

Q4　試験当日のお弁当はどんなことに注意しますか?

Q5　試験間の休み時間の過ごし方は?

Q6　保健室(別室)受験とはどういうものですか?

Q7　試験を終えた日は、どんな勉強をしたらいいの?

Q8　午後入試は、やっぱり子どもに負担があるの?

Q9　受験票を忘れてしまったら?

試験当日は何時に起きればいいの？

なるべくなら、いつもの生活パターンと同じような時間帯に起床することが望ましいでしょう。一般的には、脳が活発に働きだすのが、起きてから３時間と言われていますので、試験開始から逆算して、３時間前には目を覚ましていることが、頭脳を効果的に使うためには必要であるといわれます。

ですから、冬期講習の時期ぐらいから、徐々に受験生の身体と心を「朝型」に切り替えていく必要があります。いきなり、ある日の朝から早起きするのは無理がありますので、最終的に試験開始の３時間前に起きることができるように逆算して、毎日少しずつ就寝ー起床を早めていきましょう。10分ずつ早めていくと、２週間あれば約２時間半早めることができます。

そして起床後、かならず外気に当たることを心がけましょう。晴れていたら日光を浴びましょう。窓を開けたり、外に出てみるといいですね。

受験生は会場にはひとりで行くの？

中学受験に限定していえば、入学試験には、原則として保護者が同伴するのがふつうです。もちろん、中学生になれば学校にはひとりで通学するのですが、入学試験段階においては、まだ小学生でもあり、慣れない交通機関を利用して、朝の混雑する電車等で試験会場に行かなければなりません。

ですから、ほとんどの受験生が、保護者同伴で試験会場へ行っています。時間によって保護者が仕事を休まなくてはいけなくなることもあるでしょう。

交通機関に障害が生じたり、なんらかの事故に巻き込まれるといった不測の事態も考えられますので、保護者が同伴して試験会場に向かうようにしましょう。

受験という特殊な状況下で受験生は、緊張もしていますし、なにかと不安な側面も多いと思います。保護者は、お子さんに過度の緊張をさせないよう配慮して試験会場に赴いてください。

電車が遅れて遅刻しそうなときはどうすればいいの？

試験の時期は降雪などの天候や公共交通手段の状況により、電車の運行ダイヤが乱れて、試験開始時刻に間に合いそうもないことも、想定しておくことが大切です。

もちろん、こうしたことも考慮に入れて、少し早めに家を出るよう心がけるべきですが、あまりに早く試験会場に着いてしまうのは、入学試験開始までの待ち時間が長くなりすぎて、寒い時期でもあり、集中力が無くなってしまうこともあるので、避けたいものです。

決められた集合時間の30分前に到着するのが理想です。

公共交通機関の遅れにともなう遅刻については、各校とも適宜の対応をしています。あわてて電車を降り、タクシーなどに乗り換えることはやめましょう。かえって時間がかかったり、遅刻の理由が説明しにくくもなります。電車の遅延証明を配付している場合には、それを持参して試験会場に向かってください。遅刻しても試験を受けることができます。

試験当日のお弁当はどんなことに注意しますか？

お弁当の中身について、とくに気にされる必要はありません。食べやすく、適切な分量があり、心のこもったお弁当であればよいと思います。

寒い季節ですので、温かい飲み物などを添えてあげるなどの工夫があってもいいでしょう。

これまで、受験されたかたがたの体験談をうかがいますと、それぞれのお子さんによってもちがいますが、分量に配慮した方がいい場合もあるようです。

というのは、いつもとはちがった極度の緊張感のなかで臨んでいる入学試験ですので、お子さんによっては、お弁当を残してしまったことで、自分が過度に緊張しているのだと自覚してしまうことがあるようです。また、消化が悪いものですと、よけいに緊張で胃がもたれたりする可能性もあるので、消化のよいものがよいでしょう。

若干、量をセーブして少なめにしておきましょう。

試験間の休み時間の過ごし方は？

学校ごとに試験実施方法の違いもありますが、試験教科ごとの休み時間には、特別なことをなにかしなくてはならないなどと、意識する必要はありません。早めにトイレを済ませておくことと、次の教科に向けての心の準備をする時間にしましょう。

好ましくないのは、終了した試験のデキについて考えて反省したり、顔見知りの友人と試験内容について会話を交わすことです。無用な動揺をきたしがちですし、以降の試験にマイナスに作用することの方が多いものです。

たとえその教科がうまくいかなかったとしても試験はまだ終わっていませんので、つぎの教科に気持ちを切り替えましょう。

休み時間中は、静かに心を落ち着けてつぎの試験教科への心の準備に集中するようにしたいものです。

保健室（別室）受験とはどういうものですか？

試験当日に体調を崩し、指定された試験会場での受験がむずかしいような受験生のために、各校が保健室などを別会場として用意しています。

また、せきがひどいなど他の受験生に影響があると判断されたような場合に、別の試験室での受験となることもあります。

しかし、これらの受験においても、試験時間や合否判断においては、一般の入試となんら変わることはなく、いっさいの有利不利は生じませんが、予防接種など、できる予防策はできるかぎりとっておきたいものです。

当日の体調がよくないような場合には、無理をせずに遠慮なく申し出て、保健室などでの受験を考えてみましょう

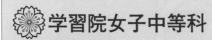

Q7 試験を終えた日はどんな勉強をしたらいいの？

首都圏中学入試の特徴として、現在の受験生は５～６校の学校（入試回数）を受験していますので、試験初日から連続的に入試日程が続く場合が多くあります。

入学試験という、ふだんとは違った緊張した１日を過ごしていますので、受験生は意識していなくとも、心身ともに疲れがあるはずです。まずは、そうした疲れを取りのぞくことを心掛けましょう。

翌日以降も入学試験は続くわけですが、そのための勉強をすることよりも、精神的に次へのチャレンジをしていくという心がまえを確固たるものにしていく方が大事なことだと思います。

もちろん、重要事項をざっと見直してみたり、教科の分野で気になっていることについて確認することはしても構いませんが、あくまで気持ちを落ち着かせるための勉強です。

また、終了した試験内容について、どうするかということも課題となるでしょう。学校によっては入試問題を持ち帰ることを認めている場合もあります。これらを復習することも意味がないわけではありませんが、あまりそこに力を入れるべきではないと思います。

ざっと目を通し、書けなかった漢字を確認したり、知識問題で忘れていた事項があったとするなら、テキストなどで確かめておくという程度でじゅうぶんです。国語の読解問題などは時間がかかりますし、頭を使う問題は極力避けるようにしましょう。

つまり、うしろ向きではなく、前向きに過ごすことが大切だということです。

済んだことを悔やむのではなく、次の入学試験に向けて心の準備をしていくようにしていきましょう。

Q8 午後入試は、やっぱり子どもに負担があるの?

午後入試は午前中にも試験を受けている場合がほとんどですので、1日に2回の入学試験を受けるわけですから、やはり、緊張も2倍となり、体力的にも精神的にも疲労度は大きいといえるでしょう。

そのため、午後入試を検討する場合には、事前にそうした精神的負担を考慮しておくことと、合格発表の形式についても検討しておくことが大切です。

というのは、1日に2校の入試を受けられるメリットがある反面、受験した両校がどちらも即日発表であった場合、1日に2校に不合格という結果も考えられるからです。

Q9 受験票を忘れてしまったら?

入学試験を受験するのですから、受験票を持参することは絶対に必要なことです。ですから、あまりある事例ではないのかもしれません。しかし、複数の学校を受験する中学受験においては、つい、うっかり他校の受験票をまちがって持ってきてしまったというような事例も考えられます。

そうした場合の対応ですが、家を出てすぐに気づき、時間的に余裕がある場合以外は、そのまま受験会場に行くようにしましょう。試験会場で係の先生に申し出れば、受験が認められる場合がほとんどです。

受験票を忘れたことが合否に影響したり、不利益な扱いを受けることは絶対にありません。あわてずに対応してください。

左のページのような「持ち物チェックリスト」を作成しておくと便利です。コピーを取って各校ごとに持ち物を確認するようにしましょう。

月　　日(　)

中学校用　　受験番号

項　目	必要	チェック	備　考
受験票			他校のものとまちがえないこと
筆記用具			鉛筆・ＨＢを６～８本。鉛筆をまとめる輪ゴム。小さな鉛筆削りも。シャープペンシルは芯を確認して２本以上
消しゴム			良質のものを３個。筆箱とポケット、カバンにも
コンパス			指示があればそれに従う
三角定規			指示があればそれに従う
下じき			ほとんど不要。持っていくときは無地のもの
参考書・ノート類			役には立たないが、お守りがわりになるかも
当該校の学校案内			面接の待ち時間に目をとおしておくとよい
メモ帳			小さなもの。白紙２～３枚でも可
うで時計			電池を確認。アラームは鳴らないようにしておく
弁　当			食べ物の汁が流れないように。量も多すぎないように
飲み物			好み次第だが、温かいお茶やレモン湯などもよい
大きな袋			コートなどを入れて足元に
ハンカチ			２枚は必要。雨・雪のときはタオル２枚も
ティッシュペーパー			ポケットとカバンのなか両方に
替えソックス			雨・雪のときの必需品
カバン			紙袋は不可。使い慣れたものを。雨のとき、カバンがすっぽり入るビニール袋も便利
お　金			交通費等。つき添いだけでなく本人も。10円玉も入れて
スイカ・パスモ			バスや電車の乗りかえに便利
電話番号 （なんらかの事態発生時のため）			受験校（　　　） 塾（　　　） 家族携帯（　　　）
上ばき			スリッパは不可。はき慣れたものを
雨　具			雨天の場合、傘をすっぽり入れられるビニール袋も
お守り			必要なら
のどあめ			必要なら
携帯電話（保護者）			緊急連絡用。ただし試験場には持ちこまない
願書のコピー（保護者）			面接前にチェック。願書に書いたことを聞かれることが多い
ビニール袋			下足を入れたりするのに便利
カイロ			使わなくとも持っていれば安心
マスク			風邪の予防には、やっぱりこれ

＊必要受験校数をコピーしてご利用ください。

ー中学受験のお子様を持つ親のためにー

わが子が伸びる親の『技（スキル）』研究会のご案内

主催：森上教育研究所　　協力：「合格アプローチ」他

（ホームページアドレス）http://oya-skill.com/（携帯モバイルサイト）http://oya-skill.com/mobile/

平成23年度後期講座予定　☆無料公開WEB算数相談会ＨＰ公開中!!

理　科

小川　眞士

（小川理科研究所主宰、予習シリーズなどを執筆）

テーマ　理科の時事問題に関して【小4～小6対象】

内　容　自然現象や災害・環境問題に関する関心が高まっている現在、理科の時事問題の出題は近年確実に増加しています。時事問題に関しては教科書や塾のテキストには載っていないことから、その年ごとの具体的な対策が必要です。研究会では理科に関係する時事問題に関して、おうちの方がお子さまと確認する上でのポイントを具体的におさえます。入試により直結する内容をお話しいたします。

申込〆切11/15（火）

注意：会場は私学会館です

理　科

恒成　国雄

（Tサイエンス主宰）

テーマ　生活科から理科への変換【小1～小5対象】

内　容　最初の理科で何をやるかによって、将来「理系」になるのか「理科嫌い」になるのかが決まってくると思います。生活科だけでは不足する理科を家庭でどのように補うか？　また、どのような理科からスタートすればよいのかを具体的にお話しいたします。

注意：会場は私学会館です

申込〆切11/22（火）

社　会

早川　明夫

（文教大、学研『応用自在』、予習シリーズを執筆）

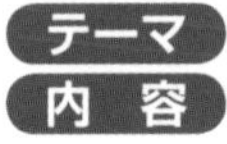

テーマ　社会　来年度入試をうらなう【小4～小6対象】

内　容　来年度の入試において、出題される可能性が高い予想問題を地理、歴史、公民、時事問題の4分野用意し、解答・解説を行う。「社会時事問題対策」の応用バージョン。

申込〆切11/25（金）

平成23年度後期ワークショップ予定

コーチ

吉本　笑子

（花マル笑子塾主宰）

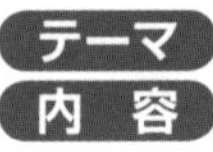

テーマ　小学6年生で伸ばす、小学4・5年生の学習力育成術【小2～小5対象】

内　容　受験学年になって伸びる子は、「自分にあった学び方」を知っています。ポイントは、過度な無理をさせる工夫をすること。そこで、「その子にあった学習方法」をタイプに分けてご紹介します。少々ゆっくりでも、日々の学習に手ごたえを感じられる学習を経験させてあげて下さいね。

申込〆切11/21（月）

英　語

木村　千穂

（英語絵本ブッククラブ主宰）

テーマ　多読につなげる英語絵本の始め方—X'masバージョン【未就学児～小6対象】

内　容　今回のX'masバージョンでは、この季節に相応しい絵本をご紹介します。東大入試攻略にも多読が効くことが理解され始めました。多読、とは、やさしい絵本からスタートし、徐々に語彙レベルを上げながら多くの英文を読むことによって総合的な英語力を身につけていくという最近注目の英語学習法です。ご家庭で幼児から、お母さまが始められる効果的な多読へのアプローチをご提案いたします。※初めてご参加の方には、講師著作小冊子「英語絵本でコミュニケーション」「英語絵本でコミュニケーション2」の2冊をセットでプレゼントします。

申込〆切11/30（水）

第5回　12　月　5

国　語

早川　尚子

（HP国語の寺子屋主宰）

テーマ　国語が大好きになり、親子の絆も深まる家庭学習法【幼～小4対象】

内　容　楽しく学ぶことと厳しくしつけること。母親としてこの２つのことが自在にできるなら、学力向上、家庭円満まちがいなしです。その秘訣をご一緒に考えてみましょう。そして、「お母さんが教える国語」の「印つけとメモ書き」の初歩もお伝えいたします。

申込〆切12/1（木）

◇時間：各回とも午前10：00～12：00　詳しくはHPをご覧下さい。

◇会場：第９回、第10回はアルカディア市ヶ谷私学会館（JR・地下鉄市ヶ谷駅下車）

それ以外は森上教育研究所セミナールーム（JR・地下鉄市ヶ谷駅下車）→http://oya-skill.com/profile.html

※講座によって会場が異なります。上記ご確認ください。

◇料金：各回3,000円（税込）

◇お申込み方法：❶HP（http://oya-skill.com)からのお申込

❷FAX・メールでお申込→①保護者氏名②お子様の学年③郵便番号④ご住所⑤電話番号⑥参加希望講座名⑦WEB会員に登録済みか否かを明記して下さい。※申込〆切日16時までにお申込下さい。

お電話での申込みはご遠慮下さい

お問い合わせ　：森上教育研究所　メール：ent@morigami.co.jp　FAX:03-3264-1275

合格カレンダーをつくろう

2012
○○中学
入学試験
○○中学
合格発表

中学受験では、いくつかの学校の入試を約１週間の間に集中して受験することになります。入試日と他校の合格発表が重なることもあたりまえの現象です。そこで、これらの日程を整理し、理解しておくのに便利なのが「合格カレンダー」です。つぎのページに見本をしめしておきましたので、家族で話しあいながら作成してみましょう。

中学受験では、志望校を何回か受ける場合もありますし、併願校を含めると５回、６回と受験を繰り返すことになります。

各学校それぞれの出願、入学試験、合格発表、入学手続きが、かぎられた期間、約１週間の間に、つぎつぎと消化されます。

入試日と別の学校の合格発表が重なることはあたりまえの現象でもあります。

これを整理し、理解しておかないと思わぬアクシデントにつながります。ある学校の合格発表を見てから他校に出願する予定であったのに、その合格発表を見に行く人がいないことに、当日になって気づいて大あわてした、というようなケースです。

こうしたまちがいを防ぐのに役立つのが、スケジュールを管理する「合格カレンダー」です。

その「合格カレンダー」の見本をつぎのページ(78ページ)に掲載しておきました。

左のページを拡大コピーして、右ページの見本のように書きこんでいきます。横軸が時間軸、縦軸が学校別になっています。表計算ソフトの使用が得意なかたは、計算ソフトを利用してつくってもいいでしょう。ネットなどで配布されているカレンダー作成の無料ソフトを使うという方法もあります。

「合格カレンダー」を作成しておけば、どこの学校のなんの日程が、なにと重複しているかが一目瞭然となり、手続きのミスを防ぐことができます。

また、家族で手分けする必要がある日程が洗いだされてきます。

カレンダーには、以下のようなことを書き込みます。これら以外にも備忘録として、気になることはそのつど書きこみます。

合格カレンダーに書きこむべきおもなことがら

「出願」は持参か郵送か、また、その締切日、持参はだれがいつ行くか、郵送はいつ投函するか。「複数回同時出願」の場合の受験料、返金の有無と申し出期間。「入試当日」の集合時刻と終了予定時刻、とくに持参するものがあればそれも。「面接」の有無、その集合時刻。「合格発表」の日と時刻、インターネット発表の時刻。「入学手続き」の締切日と時刻、入学金の額と納入方法。「延納」の有無。「返納金」…入学手続き後の返金制度の有無、その申し出期限。「登校日」…入学手続き後に登校日が設定してある場合、その日登校しないと、入学辞退とみなされる学校があるので要注意。

そしてそれぞれの日にお父様、お母様がどこに行くのかも、前もって話しあって書きこんでおきます。

各校の要項をよく見て書きこもう！（実際には左ページを拡大して書きこみます）

記入例　2012年 合格カレンダー（受験予定表）

志望校名	A中１次	B中	C中２回	D中２回	C中３回
学校最寄駅 電話番号	千埼駅 04＊＊－＊＊＊＊	合格駅 9876－＊＊＊＊	希望駅 5555－＊＊＊＊	未来駅 1212－＊＊＊＊	希望駅 5555－＊＊＊＊
出願期間	12月26日　時から １月６日　時まで	１月20日９時から １月25日15時まで	１月20日９時から １月29日16時まで	１月20日　時から １月25日　時まで	１月20日９時から ２月３日14時まで
出願日	12月25日郵送出願	１月20日出願日 担当：父	１月20日出願日 担当：母	１月21日郵送出願	
１月10日（火）	試験日 集合：８時20分 解散：12時45分				
１月11日（水）	合格発表日 12時掲示 ネット発表も有				
２月１日（水）		試験日 集合：８時30分 解散：14時30分			
２月２日（木）			試験日 集合：８時20分 解散：12時25分		
２月３日（金）		合格発表日 15時掲示	合格発表日 ９時ネット	試験日 集合：８時30分 解散：12時30分	※C中２回不合格の場合出願（14時まで）
２月４日（土）		入学手続日 ９時～12時 47万円振込み	入学手続12時まで ※B中の結果次第で入学手続をする	合格発表日 ９時掲示 入学手続16時まで	試験日 集合：８時20分 解散：12時25分
２月５日（日）					合格発表日 ９時ネット 入学手続16時まで
２月６日（月）					
２月７日（火）					
２月８日（水）		入学説明会日 13時 本人同伴			
２月９日（木）					
各校のチェックポイント（備考欄）	※手続き期間内に延期手続きを行えば、予約金なしで延期手続き可能 ※願書写真は５×４ ※出願は郵送のみ	※試験日は弁当持参 ※願書写真は４×３を２枚 ※願書に小学校公印が必要	※出願はなるべく持参 ※手続納入金は現金50万円（辞退すれば24万円返還） ※願書写真は５×４	※出願は郵送のみ １月25日消印有効 ※願書写真は５×４または４×３ ※手続納入金は現金40万円（辞退後の返金有）	※手続納入金は現金50万円（辞退すれば24万円返還） ※願書写真は５×４

※カレンダーには、〈出願〉は持参か郵送か、〈複数回同時出願〉の場合の返金の有無と申出期限、〈試験当日〉の集合時刻と終了予定時刻、持参するもの、〈面接〉の有無・集合時刻、〈合格発表〉の時刻と方法、〈入学手続締切〉の時刻・納入方法と金額（延納の有無）、〈入学手続後〉に納入金の返金制度がある場合には入学辞退の申出期限、手続き後の登校日などを書きこんでください。
※実際にご活用いただく際には、左のページをB4サイズに拡大したうえで何枚か複写してご使用ください。

2012年 合格カレンダー（受験予定表）

志望校名					
学校最寄駅 電話番号					
出願期間	月　日　時から 月　日　時まで	月　日　時から 月　日　時まで	月　日　時から 月　日　時まで	月　日　時から 月　日　時まで	月　日　時から 月　日　時まで
出願日					
1月　日（　）					
1月　日（　）					
2月1日（水）					
2月2日（木）					
2月3日（金）					
2月4日（土）					
2月5日（日）					
2月6日（月）					
2月7日（火）					
2月8日（水）					
2月9日（木）					
各校のチェックポイント（備考欄）					

※カレンダーには、〈出願〉は持参か郵送か、〈複数回同時出願〉の場合の返金の有無と申出期限、〈試験当日〉の集合時刻と終了予定時刻、持参するもの、〈面接〉の有無・集合時刻、〈合格発表〉の時刻と方法、〈入学手続締切〉の時刻・納入方法と金額（延納の有無）、〈入学手続後〉に納入金の返金制度がある場合には入学辞退の申出期限、手続き後の登校日などを書きこんでください。

※実際にご活用いただく際には、このページをB4サイズに拡大したうえで何枚か複写してご使用ください。

表の見方（表については10月15日までの調査による。問い合わせは各校入試担当まで）

表はおもな私立中学・国立中学を対象に行ったアンケートによる。対象は一般入試。原則として10月15日までに回答のあった学校を掲載。一部回答表現を略したところもある。無回答の項目は省略／学校名後の◎は共学校●は男子校○は女子校□は別学校／質問項目①入学試験当日の遅刻について認めるか（認める場合何分までか）②保健室受験の準備は③面接はあるか・あればその比重④合否判定での基準点はあるか・あればどの程度か⑤繰り上げ（補欠）合格はあるか・あればその方法は⑥入学手続きの延納・返還制度は⑦来年度（'12年度）入試からの入試変更点

穎明館◎ ①認める　②ある　③なし　④なし　⑤なし　⑥なし　⑦配点変更　国語・算数130点→100点　社会・理科70点→60点
江戸川学園取手◎ ①30分まで　②ある　③第3回特色入試のみ実施・かなり重視　④なし　⑤未定　⑥第1回・第2回、延納願を提出し期日までに50,000円納入により2/4　16:00まで残額250,000円延納可　⑦なし
江戸川女子○ ①認める　②ある　③なし　④なし　⑤予定（補欠者として発表後状況によって繰り上げ）・補欠者発表は掲示とインターネット　繰り上げ合格者には電話　⑥東京の公立中高一貫校受検者は発表日の2/9まで延納可　⑦なし
桜蔭○ ①20分まで　②ある　③実施・参考程度　④なし　⑤予定・掲示
桜美林◎ ①20分まで　②ある　③なし　④なし　⑤なし　⑥3月末日までに辞退の場合第1期納入金（339,000円）返還
鷗友学園女子○ ①30分まで　②ある　③なし　④平均点の半分以下の場合合否判定の際に審議の対象とする　⑤なし　⑥3/1 16:00までに申し出た場合納入金全額返還　⑦募集定員1次140名・2次60名へ
大妻○ ①認める（9時まで入室可・試験時間延長なし）　②ある　③なし　④なし　⑤予定・電話　⑥なし　⑦なし
大妻多摩○ ①15分まで　②ある　③なし　④なし　⑤予定・電話　⑥姉妹校である大妻中に納入した入学金は、大妻多摩中へ入学の場合返還　⑦なし
大妻中野○ ①25分まで　②ある　③なし　④なし　⑤予定・電話　⑥複数回出願の場合、合格・入学手続き後の回の受験料は返還　国公立中と併願の場合2/5までに延納届提出により2/9まで延納可　⑦第4回一般入試日程2/4→2/3
大妻嵐山○ ①公共交通機関の遅れなどの場合20分まで　②ある（会場による）　③なし　④なし　⑤予定・電話　⑦同窓会奨学生制度（卒業生の子女、姉妹在籍の場合入学金の半額免除）実施　アドバンス選抜入試を実施（川越会場追加）
大宮開成◎ ①認める　②ある　③なし　④なし　⑤予定・電話　⑥3/31までに辞退の場合施設費150,000円を返還

ア

青山学院◎ ①20分まで　②状況により対応　③なし　④なし　⑤予定・掲示と電話　⑦なし
浅野● ①10分まで　②ある　③なし　④なし　⑤未定・電話　⑥期日までに辞退を申請した場合納入金の一部の返還を行う予定　⑦なし
麻布● ①認めない　②ある　③なし　④なし　⑤未定　⑥なし　⑦なし
足立学園● ①25分まで　②ある　③なし　④なし　⑤予定・掲示とインターネット　⑥施設費延納可　⑦一般入試第3回（2/3・定員10名）新設　募集定員変更一般入試第1回80名・一般入試第2回15名・特奨入試第3回5名へ　一般入試4科→2科・4科
跡見学園○ ①認める（災害・交通機関遅延のみ）　②ある　③なし　④なし　⑤予定・電話　⑥なし　⑦なし
郁文館◎ ①30分まで　②ある　③なし　④なし　⑤未定・掲示とインターネット　⑥なし　⑦入試回数を2回増加
市川◎ ①認める　②ある　③なし　④なし　⑤未定　⑥第1回入試は1/25までに入学金の一部150,000円納入により残金180,000円を2/3まで延納可　⑦郵送出願期間（12/5～1/5）後に窓口出願受け付けへ（1/12～1/13）
上野学園◎ ①30分まで　②ある　③実施・ある程度考慮　④なし　⑤なし　⑦日程変更あり　D日程2/4→2/6
浦和明の星女子○ ①個別に対応　②ある　③なし　④なし　⑤予定・電話　⑥第1回入試のみ延納制度あり　⑦なし
浦和実業学園◎ ①認める（試験時間の延長なし）　②ある　③なし　④なし　⑤なし　⑥期日までに入学手続き延期願いを提出した場合3/9　16:00まで手続き延期可（入学手続延期手数料20,000円は入学手続きの際に入学金の一部に充当される）　⑦S類→特進選抜（S類）へ変更　選抜αコースを新設　第4回併願入試（一般）を実施
栄光学園● ①原則認めない　②ある　③なし　④なし　⑤未定・電話　⑥辞退申し出2/5　16:00まで、入学金の一部と施設設備金計440,000円返還　2/24　16:00まで、施設設備金220,000円返還　⑦入学資格通学時間80分以内→神奈川、東京のうち23区・武蔵野・三鷹・狛江・調布・府中・稲城・多摩・日野・八王子・町田の各市、静岡のうち熱海市・函南町・三島市・小山町に居住へ

⑦入試日程変更あり　各日程ともに成績優秀者には入学手続金 430,000 円を免除する特別選抜制度を実施へ

関東学院六浦◎
①1科目終了まで　②ある　③なし　④なし　⑤未定・電話　⑥2/8 正午までに辞退の場合特別施設費 200,000 円返還　⑦入試回数4回→5回　午前入試は2科・4科から選択、午後入試は2科で実施へ

北鎌倉女子学園○
①20 分まで　②ある　③実施・参考程度　④なし　⑤なし・行う場合掲示とインターネット　⑥2/8 正午までに辞退を申し出た場合施設設備費を返還　⑦なし

北豊島○
①認める（試験時間延長なし）②ある　③実施・参考程度　④なし　⑤なし　⑥なし　⑦第5回入試変更あり日程 2/5 午前→ 2/3 午後　試験科目4科→2科・4科選択　手続締切り日 2/15 → 2/12

吉祥女子○
①20 分まで　②ある　③なし　④なし　⑤手続き状況により追加合格をだす場合あり・電話　⑥2/29 正午までに辞退を申し出た場合施設拡充費返還

共栄学園◎
①20 分まで　②ある　③実施・参考程度　④なし　⑤予定・掲示とインターネット　⑥なし　⑦入試科目変更　第1回と第4回入試2科・4科→2科

暁星●
①15 分まで　②ある　③なし　④なし　⑤予定・電話　⑥なし　⑦なし

共立女子○
①15 分まで　②ある　③なし　④なし　⑤予定・電話　⑦願書受付郵送へ（窓口は最終2日間のみ）

共立女子第二○
①30 分まで　②ある　③なし　④なし　⑤予定・電話　⑥なし　⑦1回目午後・2回目午後吉祥寺第一ホテルでの入試廃止　3回目午前入試追加　すべての入試に給付奨学金制度適用へ

国本女子○
①15 分まで　②ある　③なし　④約2割程度　⑤未定　⑥なし　⑦なし

公文国際学園◎
①50 分・60 分の試験の場合 15 分まで　②ある　③なし④B入試の国語と算数のみあり　⑤予定・電話　⑥なし

慶應義塾湘南藤沢◎
①状況により対応　②状況により対応　③実施・非公表　④非公表　⑤予定・電報　⑥期日までに辞退を申し出た場合入学金を除く授業料等を返還　⑦帰国生入試出願資格変更

慶應義塾中等部◎
①個別に判断し対応　②ある　③実施・かなり重視　④なし　⑤予定・電話　⑥所定の期日までに辞退を申し出た場合入学金以外の学費を返還　慶應義塾普通部・慶應義塾湘南藤沢に入学手続きを完了した場合学費の振替制度あり

慶應義塾普通部●
①認める　②ある　③実施・非公開　④非公開　⑤予定・掲示　⑥2月末までに辞退を申し出た場合入学金以外返還　⑦合格発表 2/3 → 2/2　19:00

京華●
①15 分まで（要事前連絡）②ある　③なし　④なし　⑤未定・電話　⑥都立中高一貫校受検者は 2/10 まで延納可　⑦特待生入試廃止　特別選抜入試新設

京華女子○
①20 分まで　②なし　③実施・かなり重視　④なし　⑤なし　⑥公立中高一貫校受検生は届け出により 2/10 まで延納可　⑦2/1 午後以降の入試2科・4科選択へ

恵泉女学園○
①試験開始 10 分まで　②ある　③実施・参考程度　④なし　⑤予定・電話　⑥なし　⑦面接開始時刻1時間早く 11:20 開始へ　筆記試験配点・時間変更→国語・算数（45 分 100 点）社会・理科（合わせて 45 分各 50 点）

京北●
①20 分まで　②ある　③2科受験生のみ実施・参考程度　④約2割程度　⑤なし　⑥国立・公立中高一貫校受検生は 2/10 まで延納可　⑦特待生入試廃止、各回上

⑦特別進学クラス3回合格者は英数特科クラスにも合格とする

小野学園女子○
①認める　②ある　③なし　④なし　⑤なし　⑥2/29 16:00 までに辞退を申し出た場合全額返還　⑦なし

カ

海城●
①認める　②ある　③なし　④ある　⑤予定・電話　⑥なし　⑦募集定員増第一回 145 名・第二回 145 名計 290 名へ

開成●
②ある　③なし　⑤未定・電話　⑥期日までに辞退を申し出た場合施設拡充資金（120,000 円）返還　⑦なし

開智◎
①20 分まで　②ある　③なし　④なし　⑤予定・電話　⑥3/31 までに辞退の場合施設費 200,000 円返還　⑦開智未来中と併願した場合の受験料変更 35,000 円→ 30,000 円

開智未来◎
①20 分まで　②ある　③なし　④なし　⑤予定・電話　⑥3/31 までに辞退の場合納入金を返還　⑦入試回数5回→4回

海陽●
①認める　②別室受験の準備あり　③実施・参考程度　④なし　⑤予定・電話　⑥なし

かえつ有明◎
①10 分まで　②ある　③なし　④2/4 国算選抜入試のみ約2割程度（ただし1科目が2割でももう1科目が8割得点があれば合格）⑤予定・電話　⑦試験名称変更　難関大学進学コース入試（特待チャレンジ入試）→プラウド入試〔難関大学進学コース入試〕（特待チャレンジ入試）　2/2 午後のプラウド入試で2科＋英語入試を導入

学習院女子中等科○
①50 分まで　②ある　③実施・参考程度　④なし　⑤予定・電話　⑦募集定員B入試約 35 名→約 40 名

学習院中等科●
①20 分まで　②なし　③なし　④なし　⑤予定・電話　⑥なし　⑦出願時の在学証明書提出廃止

春日部共栄◎
①認める　②ある　③なし　④なし　⑤なし　⑥辞退の場合施設費 100,000 円返還　⑦理科・社会試験時間各 30 分・配点各 50 点へ

神奈川学園○
①20 分まで　②ある　③なし　④なし　⑤未定・電話　⑥期日までに辞退の場合は全額返還　⑦2/1 午後入試を新設

神奈川大学附属◎
①20 分まで　②ある　③なし　④40 点（算数）⑤予定・電話　⑥なし　⑦なし

鎌倉学園●
①認める　②ある　③なし　④なし　⑤予定・電話　⑥入学金、2/11　15:00 までに辞退の場合半額返還　施設費、入学式前日までに辞退の場合全額返還

鎌倉女学院○
①20 分まで　②ある　③なし　④なし　⑤予定・電話　⑥期限内に辞退申請をした場合納入金全額返還可

鎌倉女子大学中等部○
①20 分まで　②ある　③なし　④なし　⑤なし

カリタス女子○
①認める（個別に対応）②ある　③なし　④なし　⑤未定・電話　⑥なし　⑦受験回数2回→3回へ（2/7 を新設）複数回受験優遇措置あり

川村○
①30 分程度（要事前連絡）②ある　③実施・参考程度　④なし　⑤未定　⑥なし　⑦日程等変更あり（詳しくは入試要項参照）

神田女学園○
①30 分まで　②ある　③なし　④なし　⑤予定・電話　⑦2/1 午後特別進学入試のみ3年間特待あり　2/2・2/3・2/5 は1年間特待か手続金免除

関東学院◎
①認める（試験時間の延長なし）②ある　③なし　④検討中　⑤予定・電話　⑥A・B・C日程と帰国生の合格者は特別施設費 200,000 円を 2/8　15:00 まで延納可

①20分まで　②ある　③なし　④なし　⑤予定・電話　⑥2/4まで延納可　⑦S選抜クラスとA進学クラスの入試問題が別のものへ

栄東◎

①認める　②ある　③なし　④なし　⑤なし　⑥願書裏面に併願校を記入すれば延納手続き不要　⑦東大Ⅰ・Ⅱの合格発表が翌日午前10時へ　東大クラス定員増

相模女子大学○

①20分まで　②ある　③なし　④なし　⑤なし　⑥3/31までに辞退手続きをした場合施設費を返還　⑦入試日程変更あり　すべての回の受験を特待生合格の対象へ特待生制度内容変更、6年間の授業料免除適用へ

佐久長聖◎

①20分まで　②ある　③なし　④なし　⑤予定・電話　⑥なし　⑦国語50分100点→60分150点　理科・社会各50点→各75点　合計350点→450点

桜丘◎

①認める　②ある　③なし　④なし　⑤なし

サレジオ学院●

①認めない（状況により判断）　②ある　③なし　④なし　⑤未定　⑦募集定員A試験100名→110名　B試験60→50名

自修館◎

①認める　②ある　③なし　④なし　⑤未定　⑥3/31 17:00までに辞退の場合2次入学手続金（学校維持費・施設費）を返還　⑦A2日程の1次手続日および特待生手続日を延長（2/3　20:00まで）

実践学園◎

①認める　②ある　③なし　④なし　⑤なし　⑥2/25の新入生ガイダンスまでに申し出れば施設・設備資金返還　⑦1～3回入試科目2科・4科選択へ（昨年までは1回のみ）　日程変更2/2午後→2/2午前　2/3午後→2/2午後

実践女子学園○

①認める（公共交通機関の遅延による場合別室受験で対処）　②原則用意されていない　③なし　④なし　⑤予定・電話　⑥2/28　15:00までに入学辞退手続きを行った場合入学金の一部30,000円返還　⑦社会・理科試験時間変更30分×2科の60分→50分のなかで2科の試験を実施　1時間目の開始時間変更9:00→8:45　試験終了時間変更12:40→11:55

品川女子学院○

①30分まで　②ある　③なし　④なし　⑤予定・電話と電報　⑥2/18　15:00までに辞退を申し出た場合入学手続金全額返還　⑦募集定員第1回80名→100名・第2回100名→80名　理科入試4分野のバランス配分変更（配点は変更なし）

芝●

①30分まで　②ある　③なし　④なし　⑤未定・電話　⑥なし

芝浦工業大学●

①20分まで　②ある　③なし　④なし　⑤予定なし（行う場合電話）　⑥入学手続時納入金一部延納願書提出により入学金以外延納可

芝浦工業大学柏◎

①20分まで（それ以降は事情により対応）　②ある　③第3回のみ実施　④なし　⑤未定・電話　⑥延納手続金50,000円納入により2/4まで延納可

渋谷教育学園渋谷◎

①認める　②ある　③なし　④なし　⑤予定・電話　⑥2/10　15:00までに辞退を申し出た場合施設拡充費70,000円返還

渋谷教育学園幕張◎

①認める　②ある　③なし（帰国入試は実施）　④なし　⑤なし　⑥期日までに50,000円納入により残額延納可　⑦なし

修徳◎

①認める　②ある　③実施・かなり重視　④ある　⑦入試回数6回へ　児童のみの面接を実施

十文字○

①30分まで　②ある　③なし　④なし　⑤未定　⑥3/31までに辞退届を提出した場合施設費返還　⑦募集定員変更あり　1回70名→80名　3回90名→80名

淑徳◎

位合格者を特待生とする

啓明学園◎

①30分まで　②ある　③なし　④約6割程度　⑤未定　⑦面接廃止

光塩女子学院○

①5分まで（個人の責任外の理由の場合別対応）　②ある　③実施・参考程度　④なし　⑤予定・電話

晃華学園○

①30分まで　②ある　③なし　④なし　⑤予定・電話　⑥複数回出願し合格後手続きをした受験生は合格決定後の回の選考料を返還　⑦試験日2/1・2/2・2/3　配点理科社会各50点→各75点　試験時間理科社会各25分→各35分

工学院大学附属◎

①30分まで　②ある　③なし　④なし　⑤予定・電話　⑥2月末までに辞退した場合は設備充実費60,000円返還

攻玉社●

①30分まで　②ある　③国際学級入学試験のみ実施・参考程度　④なし　⑤なし

麴町学園女子○

①認める　②ある　③なし　④ある（国・算のみ）　⑤予定・電話　⑥2/18までに辞退届を提出した場合入学金全額返還　⑦入試得点によるクラス分け実施しない　2/5入試を廃止　募集定員変更160名→120名　特待生の条件変更、一般入試A特待180点以上・B特待170点以上　特待入試総得点170点程度を目安として上位10名へ（C特待は廃止）

佼成学園●

①20分まで（第1回・2回・4回）　50分まで（第1～第2回特別奨学生入試・第3回午後入試）　②ある　③なし　④なし　⑤なし　⑦入試日程変更（詳しくは入試要項参照）

佼成学園女子○

①25分まで　②ある　③実施・まったく合否には関係しない　④なし　⑤なし　⑥入学金の分納可　入学手続き時に100,000円納入により、155,000円を9/1～9/10に納入

国府台女子学院○

①認める　②ある　③なし　④なし　⑤予定・電話　⑥第1回のみ1/24　15:00までに納入金のうち150,000円を納入すれば残金を2/3　15:00まで延納可　⑦なし

香蘭女学校○

①25分まで　②ある　③実施・参考程度　④なし　⑤予定・電話　⑥なし　⑦なし

国学院大学久我山□

①試験開始25分まで（試験時間延長なし）　②ある　③なし　④なし　⑤なし　⑥なし　⑦募集定員変更2/2第2回女子40名→30名　2/5第3回30名→20名　2/3ST第2回男子10名→20名・女子10名→20名

国士舘◎

①15分まで　②ある　③実施・ある程度考慮　④なし　⑤なし　⑥施設費は2/27まで延納可　⑦なし

駒込◎

①25分まで　②ある　③なし　④なし　⑤未定　⑥公立中高一貫校合格発表の翌日正午まで延納可　⑦募集コースがスーパーアドバンスとアドバンスの2コースへ

駒沢学園女子○

①試験開始20分まで　②ある　③実施・参考程度　④なし　⑤なし　⑦B日程午後入試を廃止　募集定員A日程午前30名→40名・C日程午前5名→10名　入試科目2科・4科選択→全日程2科（国・算）　午後入試試験時間2科で60分→2科各50分

駒場東邦●

①認める　②ある　③なし　④なし　⑤予定・電話　⑥なし　⑦なし

サ

埼玉栄◎

①10分まで　②ある　③なし　④なし　⑤なし　⑥3/31までに辞退の場合入学金以外返金　⑦入試名称変更スーパーセレクト→難関大クラス　入試日程・定員・試験教科・試験時間・試験開始時間・合格発表方法変更あり

埼玉平成◎

回（第１志望入試）へ変更

昭和学院秀英◎
①20分まで　②ある　③なし　④なし　⑤なし　⑥第2回（1/22）のみ1/25までに入学金の一部50,000円納入により2/3正午まで延納可

昭和女子大学附属昭和○
①原則25分まで（災害・交通事情等が理由の場合状況により時間延長可）　②ある　③なし　④なし　⑤未定　⑥なし　⑦2/4C入試→2/3へ変更

女子学院○
①10分まで　②ある　③実施・非公表　④ある・非公表　⑤予定・電話　⑥なし　⑦なし

女子聖学院○
①試験開始20分まで　②ある　③なし　④なし　⑤予定・電話　⑦面接廃止　第4回2/5午後入試となり、試験科目2科目へ

女子美術大学付属○
①災害・交通事情等の場合のみ認める　②ある（状況により対応）　③実施・参考程度　④なし　⑤電話で発表　⑥2/8正午までに入学辞退届を提出した場合は入学金以外の納入金を返還　⑦なし

白梅学園清修○
①試験開始20分まで　②ある　③なし　④なし　⑤未定　⑥公立中高一貫校受検者のみ延納可　⑦受験日によって入試科目変更あり　特待生入試制度を新設（2/1午後・2/2午後・2/4の3回はスライド合格あり）

白百合学園○
①15分まで　②ある　③実施・参考程度　④なし　⑤未定・電話　⑦出願書類5年生の通知票のコピー不要へ　合格発表は掲示と同時に学校のホームページ上でも発表へ

巣鴨●
①20分まで　②ある　③なし　④なし　⑤Ⅱ期のみ予定・電報　⑥なし　⑦なし

杉並学院◎
①20分まで　②ある　③実施・ある程度考慮　④なし　⑤なし　⑦なし

逗子開成●
①状況により対応　②ある　③なし　④なし　⑤実施・合格者に個別連絡（電話）　⑥入学金は2/11までに辞退届提出により返金　その他の校納金は4/6までに辞退届提出により返金　⑦なし

駿台学園◎
①認める　②ある　③なし　④なし　⑤なし（行う場合掲示）　⑥なし　⑦なし

聖学院●
①15分まで　②ある　③なし　⑤未定・掲示と電話　⑥辞退の場合入学金以外返還　⑦入試日程変更あり　2/5→2/4

成蹊◎
①認める　②なし（原則不可だが状況により認める）　③なし　④なし　⑤繰り上げ合格者には電話連絡（補欠合格は発表しない）　⑥3/31　15:00までに辞退を申し出た場合入学金以外返還　⑦募集定員変更あり　第1回男子55名→50名・女子40名→35名　第2回男子20名→25名・女子15名→20名

聖光学院●
①認める　②ある　③なし　④なし　⑤未定　⑥第1回、第2回の両方に出願し第1回で合格し入学手続きを完了した場合第2回の受験料を返還　⑦なし

成城●
①認めない　②ある　③なし　④なし　⑤なし（追加合格発表の可能性あり）　⑥なし　⑦なし

成城学園◎
①15分まで　②ある　③なし　④なし　⑤予定（発表はしない）　⑥辞退の場合入学金以外の授業料その他返還　⑦なし

聖心女子学院○
①認める　②状況により対応　③実施・ある程度考慮　④なし　⑤予定・電話　⑥辞退した場合入学金の一部（学校設備費）を返還

聖セシリア女子○
①15分まで　②ある　③なし　④なし　⑤予定・電話　⑦募集定員二次試験40名→35名　三次試験20名→25名　①20分まで（災害・交通事情等の場合対応を検討）　②ある　③なし　④なし　⑤なし　⑥手続き締切り2/11まで　2月末までに辞退の場合入学手続き金全額返還　⑦スーパー特進東大選抜入試新設　特進コース募集停止　スーパー特進入試定員70名→110名　2/1午後のスーパー特進東大選抜入試を2回実施　複数回受験生の得点加算を実施

淑徳SC○
①認めない　②ある　③実施・参考程度　④なし　⑤予定・電話

淑徳巣鴨◎
①認める　②ある　③一部実施・ある程度考慮　④なし　⑤未定　⑥第1回・第2回進学コースの受験生で公立中高一貫校と併願する場合は、公立の発表日2/9に辞退を申し出れば返金可　⑦コース名変更あり　特進選抜→特進　総合進学→進学

淑徳与野○
①9:50（1時間目終了）まで　②ある　③なし　④なし　⑤予定・電話　⑥なし　⑦なし

順天◎
①認める　②ある　③なし　④なし　⑤未定・電話　⑥2/10まで延納可　ただし入学金は手続日（第1回・第2回は2/4　第3回は2/6）までに納入すること　⑦第3回入試日程変更2/4→2/5

頌栄女子学院○
①認める　②ある　③実施・参考程度　④なし　⑤なし　⑥なし　⑦帰国生入試12/10と2/1の2回のみへ

城西川越●
①15分まで　②ある　③帰国生入試のみ実施・参考程度　④なし　⑤未定・電話　⑥複数回出願し合格後手続きをした受験生は合格決定後の回の受験料を返還　⑦募集定員変更第1回105名・第2回45名・第3回10名　試験科目変更第1回・第2回は4科、第3は2科　選抜方法全教科の合計点によって決定へ　合格者の上位約30名による特別選抜クラスを新設　受験料変更2回同時出願30,000円・3回同時出願40,000円へ　2012年度4月より新校舎使用開始

城西大学附属城西◎
①20分まで　②ある　③なし　④なし　⑤予定・電話　⑦2/2第2回に午後入試新設　第4回は中止

常総学院◎
①20分まで　②なし　③なし　④なし　⑤なし　⑥一般入試は延納金50,000円納入により残金2/9まで延納可　⑦なし

聖徳学園◎
①20分まで　②ある　③なし　④なし　⑤予定・電話　⑥都立中高一貫校合格進学者へ入学金返還　⑦午後入試も2科・4科選択へ　試験時間国語・算数各50分→各45分、理科・社会各30分→各20分　2/3午前入試廃止　2/5午前入試→2/4午後へ

湘南学園◎
①認める（時間制限なし）　②ある　③なし　④なし　⑤未定　⑥辞退の場合施設費返還　⑦なし

湘南白百合学園○
①20分まで　②ある　③実施・参考程度　④なし　⑤予定・電話　⑥なし　⑦なし

昌平◎
①20分まで入室を認める　②ある　③なし　④なし　⑤なし　⑥なし　⑦1/10外部入試会場が大宮ソニックシティ（7～9階）へ

城北●
①試験開始20分まで　②ある　③なし　④なし　⑤2回入試のみ予定・電話　⑥なし　⑦なし

城北埼玉●
①認める（試験時間延長なし）　②ある　③なし　④なし　⑤予定・電話　⑦すべての入試1月に実施　第2回1/16　50名→1/15　40名、第3回2/3　10名→1/19　20名　第1回入試会場所沢くすのきホール新設　入学手続延納届・入学手続延納金制度を廃止　各回入学試験の成績（得点）開示　受験料変更

昭和学院◎
①20分まで　②ある　③実施・ある程度考慮　④なし　⑤なし　⑥第2回・第3回は20,000円納入により残金280,000円を2/15まで延納可　⑦推薦入試名称→第1

タ

高輪●
①非公表 ②ある ③帰国生入試第１回のみ実施・非公表 ④なし ⑤未定・実施の場合電話 ⑥なし ⑦なし

橘学苑◎
①20分まで ②ある ③なし ④なし ⑤なし

玉川学園◎
①20分まで ②ある ③実施・ある程度考慮 ④なし ⑤なし ⑥なし ⑦なし

玉川聖学院○
①20分まで ②ある ③実施・参考程度 ④なし ⑤未定・電話 ⑥なし ⑦なし

多摩大学附属聖ヶ丘◎
①認める ②ある ③なし ④なし ⑤未定

多摩大学目黒◎
①40分まで ②ある ③なし ④なし ⑤なし ⑥入学手続き2/9 15:00まで ⑦入試名称・日程変更一般入試（2/1・2/2・2/4午前）→進学入試（2/1・2/2午前）特待入試（2/1・2/2午後）→特待・特進入試（2/1・2/2・2/3午後・2/4午前）

千葉日本大学第一◎
①20分まで ②ある ③なし ④なし ⑤なし ⑥第１期合格者は手続きをした場合2/4まで延納可 ⑦なし

千葉明徳◎
①20分まで ②ある ③実施・参考程度 ④なし ⑤なし ⑥一般入試①～③は延納制度あり ⑦入試日程変更あり 一般入試②は外部会場・午後開催

中央大学附属◎
①認める ②ある ③なし ④なし ⑤なし ⑥なし ⑦なし

中央大学横浜山手◎
①10分まで ②ある ③実施・ある程度考慮 ④なし ⑤なし ⑥辞退の場合入学金以外の納入金を返還 ⑦男女共学化

千代田女学園○
①試験開始30分まで ②ある ③実施・参考程度 ④なし ⑤なし ⑥なし ⑦受験料変更15,000円→20,000円 複数回受験可へ

筑波大学附属◎
①認めない ②ある ③なし ④非公表 ⑤予定・掲示および郵送 ⑥なし ⑦合格発表時刻変更11:00→13:00

筑波大学附属駒場●
①認める ②ある ③なし ④なし ⑤予定・郵送

土浦日本大学◎
①１時間目15分まで、２時間目以降は５分まで ②ある ③なし ④なし ⑤補欠合格者発表を予定・電話 ⑥第１回一般入試延納金５万円納入により2/3 15:00まで延納可 ⑦なし

鶴見大学附属◎
①10分まで ②ある ③なし ④なし ⑤予定・電話 ⑦総合進学クラス入試において高得点者には特進クラス合格をだす

帝京◎
①試験開始8:50までの遅刻は認める ②ある ③なし ④なし ⑤なし ⑦面接廃止 募集定員変更第１回70名・第２回40名・第３回20名・第４回10名へ

帝京大学◎
①30分まで ②ある ③なし ④なし ⑤なし・行う場合掲示とインターネット ⑥なし ⑦なし

田園調布学園○
①認める ②ある ③実施・参考程度 ④なし ⑤未定・電話 ⑥延納届提出による延納制度あり ⑦なし

戸板○
①20分まで（午後入試は30分遅れの時差受験あり） ②ある ③なし ④なし ⑤なし ⑥早期手続優遇制度新設 2/1午前・午後、2/2午前・午後合格者が2/3正午までに手続きした場合入学金10,000円減免 ⑦2/3午後第３回特待入試新設 第１回（2/1午前）は基本問題の割合が高い第１志望入試となる

桐蔭学園□
①認める ②ある ③なし ④なし ⑤なし ⑥辞退の場合入学金以外の納入金を返還 ⑦試験名称変更特別奨学生→二次A・二次→二次B 募集定員変更あり名

清泉女学院○
①１時間目の15分まで ②ある ③実施・参考程度 ④なし ⑤予定・電話 ⑥１期・２期ともに2/10 16:00までに辞退を申し出た場合施設費210,000円を返還 ⑦試験内容変更あり 2/1第１期国語（45分）・算数（45分）・社会（45分）・理科（45分） 2/3第２期国語（45分）・算数（45分）・社会（45分）・理科（45分）

聖徳大学附属女子○
①原則認めない（状況に応じて対応） ②ある ③なし ④なし ⑤なし ⑥手続き2/8まで

聖ドミニコ学園○
①20分まで ②ある ③なし ④なし ⑤入学手続者が定員に満たない場合のみ・電話 ⑥施設拡充費返還可 ⑦なし

星美学園○
①30分まで ②ある ③実施・ある程度考慮 ④2/1午前のみ約６割程度 ⑤未定 ⑥なし ⑦入試日程・募集定員変更あり

西武学園文理◎
①試験開始20分まで ②ある ③帰国生入試のみ実施 ④なし ⑤なし ⑥なし ⑦第１回（1/10）・第２回（1/13）・第３回（1/18）特選クラス入試では一貫クラスへのスライド合格判定を実施 第４回（1/23）では国語と算数の成績上位者に特選クラスへのスライド合格判定実施

西武台千葉◎
①認める ②ある ③実施・かなり重視 ⑤予定・電話 ⑥2/17正午までに辞退手続きをした場合施設設備金160,000円返還 ⑦平成24年４月より校名変更

西武台新座◎
①認める ②ある ③なし ④なし ⑤未定・電話 ⑥2/29までに辞退手続きをした場合返還

聖望学園◎
①試験開始20分まで（午後入試は10分までそれ以降は２科に変更し受験可） ②ある ③なし ④なし ⑤未定⑥延納手続き（30,000円納入）により2/9まで延納可 2/18までに辞退を申し出た場合102,000円返還 ⑦奨学生入試実施（特待奨学生・被災奨学生） 入試問題傾向変更（易化・PISA型へ）

聖ヨゼフ学園○
①認める ②ある ③実施・参考程度 ④なし ⑤予定・電話 ⑥3/31までに申し出た場合施設設備資金返還 ⑦なし

成立学園◎
①30分まで ②ある ③なし ④なし ⑤未定 ⑥3/31 16:00までに辞退の場合施設費を返還 ⑦なし

青稜◎
①15分まで ②ある ③なし ④なし ⑤なし ⑥入学金延納願提出の場合2/25まで延納可 ⑦出願手続き郵送へ変更

聖和学院○
①15分まで ②ある ③なし ④約１割程度 ⑤なし ⑥3/15 15:00までに辞退の場合施設拡充費返還

世田谷学園●
①国語の試験時間内は認める 交通機関の乱れによる遅刻は受験生の不利にならないように配慮 ②状況に応じて対応 ③なし ④なし ⑤未定・電話 ⑥なし ⑦なし

専修大学松戸◎
①20分まで ②ある ③なし（帰国生のみ実施） ④なし ⑤なし ⑥第１回・第２回で期日までに手続金の一部50,000円を納入すれば残金310,000円を2/3 16:00まで延納可

洗足学園○
①20分まで ②ある ③なし ④なし ⑤予定・電話 ⑥なし ⑦なし

捜真女学校○
①認めない ②ある ③実施・参考程度 ④なし ⑤予定・電話 ⑦2/1にS試験を実施

相洋◎
①15分まで ②ある ③実施・かなり重視 ④約3.5割程度（国・算） ⑤なし ⑥なし ⑦帰国子女入試国・算（筆記）と面接に変更 日程変更第４回2/5へ

東京農業大学第三高等学校附属◎
①認める（時間規定なし） ②ある ③なし ④なし ⑤未定・掲示とインターネット

東京立正◎
①状況に応じて判断 ②ある ③実施・かなり重視 ④なし ⑤なし ⑥なし ⑦なし

桐光学園□
① 30 分まで ②ある ③帰国生入試のみ実施・参考程度 ④なし ⑤なし ⑥なし ⑦なし

東星学園◎
① 15 分まで ②ある ③実施・かなり重視 ④なし ⑤なし ⑥なし

桐朋●
①認めない ②ある ③なし ④なし ⑤なし・行う場合電話 ⑥ 2/7 正午までに辞退の場合建設資金 130,000 円返還 ⑦なし

桐朋女子○
①認めない ②なし ③実施・参考程度 ④約 3 割程度 ⑤予定・電話 ⑥ 2/9 15:00 までに入学辞退届提出により建築資金 100,000 円返還 ⑦ 2/3 に B 入試（4 科・面接）を導入

東邦大学付属東邦◎
①認める（試験時間延長なし） ②ある ③なし ④なし ⑤未定・電話 ⑥前期入学試験合格者は入学金のうち 170,000 円納入により残額 170,000 円を 2/4 まで延納可 ⑦後期入学試験募集人員に帰国生も含まれるようになる 帰国生募集は「若干名」→「特に定めない」へ変更

東洋英和女学院○
①認める ②ある ③実施・参考程度 ④なし ⑤予定・電話 ⑥なし ⑦ B 日程（2/3）出願日に 2/2 9:00 ～ 14:00（窓口）を追加

藤嶺学園藤沢●
① 1 限開始後 10 分まで ②ある ③なし ④なし ⑤予定・電話 ⑥分納可（2 次手続きは 2/8 15:00 まで）2/11 15:00 までに辞退の場合施設設備資金（200,000 円）返還 ⑦ 1/12 に帰国生入試を実施

トキワ松学園○
① 90 分まで ②ある ③なし ④なし ⑤予定・電話 ⑥ 3/31 までに辞退の場合施設設備費返還 ⑦ 2/4 入試廃止、2/2 午前新設 2/1 午前 30 名→ 40 名 2/1 午後 50 → 40

土佐塾◎
① 20 分まで ②ある ③なし ④なし ⑤なし（行う場合インターネットと郵送） ⑦東京・大阪後期入試定員変更各 10 名→各 20 名

豊島岡女子学園○
① 20 分まで ②ある ③なし ④なし ⑤予定・電話 ⑥ 2/18 正午までに辞退の場合施設設備費 130,000 円返還 ⑦なし

獨協●
①認める ②ある ③なし ④なし ⑤行う場合電話 ⑥ 2/15 までに辞退を申し出た場合施設費返還 ⑦なし

獨協埼玉◎
① 15 分まで ②なし ③なし ④なし ⑤未定・電話 ⑥第 1 回・第 2 回は延納あり ⑦募集定員変更 第 1 回男子 45 名・女子 45 名→男子 50 名・女子 50 名 第 3 回男子 15 名・女子 15 名→男子 10 名・女子 10 名

ナ

中村○
①午後入試のみ 60 分まで ②ある ③なし ④なし ⑤予定・電話 ⑥ 2/13 16:30 までに辞退を申し出た場合納入金全額返還 ⑦第 3 回（2/5）入試科目 4 科→ 2 科・4 科選択

那須高原海城●
※東日本大震災の影響により 2012 年度の募集は実施しない。

二松學舎大学附属柏◎
①認める ②ある ③第 3 回のみ実施・かなり重視 ④なし ⑤未定・電話 ⑥第 1 回・第 2 回は出願時に申し出れば入学金 200,000 円を 2/3 15:00 まで延納可 ⑦第 3 回試験科目作文・面接・算数へ（第 1 回・第 2 回受験者は算数の試験を免除）

新渡戸文化○
① 25 分まで ②ある ③実施・かなり重視 ④なし
入試科目変更あり一次・三次→ 2 科・4 科選択、二次 A・二次 B → 4 科のみへ

東海大学菅生高等学校◎
①認める（試験時間延長なし） ②ある ③実施・ある程度考慮 ④なし ⑤なし ⑥ 1-B 入試のみ都立中高一貫校合格発表の翌日（2/10）まで延納可 ⑦同時出願割引制度を実施

東海大学付属浦安高等学校◎
① 20 分まで ②ある ③なし ④なし ⑤なし ⑥入学手続き時納入金のうち、半額（160,000 円）を納入後延納手続きを行った場合 2/3 まで延納可

東海大学付属相模高等学校◎
① 20 分まで ②ある ③実施・かなり重視 ④なし ⑤なし ⑥なし ⑦なし

東海大学付属高輪台高等学校◎
①認める ②ある ③なし ④なし ⑤予定・電話 ⑥ 3/30 15:00 まで（郵送は 3/30 消印有効）に入学辞退届提出により施設費を返還 ⑦なし

東京家政学院○
① 15 分まで ②ある ③なし ④なし ⑤未定 ⑥ 2/10 まで延納可 ⑦ 2/1 午後 A（2 科）・2/1 午後 B（適性検査型入試）実施

東京家政大学附属女子○
① 25 分まで ②ある ③なし ④なし ⑤予定・電話 ⑥なし ⑦募集定員変更 第 1 回創造コース 70 名→躍進コース・創造コース計 70 名 第 2 回躍進コース 20 名・創造コース 30 名→躍進コース・創造コース計 50 名 試験科目変更 躍進コース 4 科→ 2 科・4 科選択

東京学館浦安◎
① 20 分まで ②ある ③なし ④なし ⑤なし ⑥ 1/20・1/22・1/27 入試併願合格者のみ 2/8 まで手続き延期可 ⑦なし

東京純心女子○
① 10 分まで ②午前入試のみ準備がある ③なし ④なし ⑤予定・電話 ⑥なし ⑦ 2/1 午後 SSS 入試は「入学金免除」→「授業料免除 5 名」の特待生入試となる 募集定員変更 1 次 45 名・2 次 35 名へ

東京女学館○
① 20 分まで ②ある ③なし ④なし ⑤予定・電話 ⑥ 2/9 12:00 までに辞退を申し出た場合施設費 160,000 円を返還 ⑦ 2/2 国際学級午後入試で面接を廃止

東京女子学院○
① 20 分まで ②ある ③実施・ある程度考慮 ④なし ⑤未定・電話 ⑥ 3/10 13:00 までに申し出た場合施設設備費を返還 ⑦募集定員変更合計 90 名→合計 50 名 日程変更 2/3 午前・午後→ 2/3 午後のみ、2/5 午前→ 2/5 午後 2/1 午後に適性検査入試を新設 2/2 午後に英語特別入試を新設 合格発表変更午前入試 13:00 → 14:00・午後入試 18:00 → 19:00・適性検査入試発表は翌日 14:00 適性検査入学手続きは 2/10 16:00 まで

東京女子学園○
①午前は交通機関の遅延などのみ、午後は約 60 分認める ②ある ③なし ④約 20 点程度 ⑤なし ⑥なし ⑦第 3 回日程 2/3 午後→ 2/4 午前 第 4 回廃止

東京成徳大学◎
① 1 限の時間内であれば認める ②ある ③なし ④なし ⑤予定・電話 ⑥ 2/10 正午までに辞退を申し出た場合施設費 98,000 円返還 ⑦ 2/3 午後入試新設 午後入試は全回 2 科入試へ 午前入試 3 回（4 科のみ）と午後入試 3 回で特待判定を実施 2/4 プレミアム入試は中止

東京電機大学◎
① 30 分まで ②ある ③なし ④平均点の半分程度 ⑤予定・電話 ⑥なし ⑦ 2/1 に午後入試（2 科）を実施

東京都市大学等々力◎
① 20 分まで ②なし ③なし ④なし ⑤なし

東京都市大学付属●
① 15 分まで ②ある ③なし ④なし ⑤予定・電話 ⑥ 50,000 円納入により残りの入学金は 4 月に納入可 ⑦第 1 回終了時間 17:55 へ変更

東京農業大学第一高等学校◎
①認める（試験時間延長なし） ②ある ③なし ④なし ⑤なし・行う場合電話 ⑥なし

査入試実施

武相●
①20分まで　②ある　③なし　④なし　⑤なし　⑥2/24までに辞退の場合施設費返還

雙葉○
①原則認めない（状況により対応）②なし（状況により対応）③実施・かなり重視　④非公表　⑤なし　⑥なし

普連土学園○
①30分まで（試験時間延長なし）②ある　③なし　④なし　⑤予定・電話　⑥延納のみあり　⑦なし

文化学園大学杉並○
①30分まで　②ある　③なし　④なし　⑤予定・電話　⑥なし　⑦理科・社会配点変更各50点→各75点

文華女子○
①20分まで　②ある　③実施・参考程度　④なし　⑤なし　⑥公立中高一貫校受検者のみ2/9まで延納可　⑦2/1午後適性検査導入　日程変更2/4午後→2/3午前　すべての午後入試2科のみへ

文京学院大学女子○
①認める（要事前連絡）②ある　③なし　④なし　⑤予定・インターネット　⑦2/1午後と2/2午前を新設

文教大学付属◎
①15分まで　②ある　③なし　④なし　⑤なし（行う場合掲示とインターネット）⑥なし　⑦午後入試新設(2/1・2/2)

法政大学◎
①認める（時間は非公表）②非公表　③なし　④なし　⑤予定・掲示とインターネット　⑥なし　⑦なし

法政大学第二●
①20分まで　②ある　③なし　④なし　⑤未定　⑥なし　⑦なし

宝仙学園共学部理数インター◎
①15分まで　②ある　③なし　④なし　⑤公立一貫入試対応入試と選抜入試は予定・電話　⑦選抜クラス設置により選抜入試実施　特待入試実施　試験名称変更　総合入試→公立一貫入試対応入試

星野学園◎
①認める　②ある　③なし　④なし　⑤なし　⑥2/6まで延納可　⑦なし

本郷●
①20分まで　②ある　③なし　④なし　⑤予定・電話　⑥複数回出願し合格後手続きをした受験生は合格決定後の回の選考料を返還　⑦繰り上げ合格の取りあつかい変更、複数回受験者から選出へ

本庄東高等学校附属◎
①20分まで　②ある　③なし　④なし　⑤予定・電話　⑥2/8　13:00までに入学辞退の場合施設拡充費返還　⑦なし

マ

聖園女学院○
①試験開始20分まで　②ある　③実施・まったく合否には関係しない　④なし　⑤予定・電話　⑥なし　⑦2次・3次入試2科目受験へ

緑ヶ丘女子○
①30分まで　②ある　③なし　④なし　⑤なし　⑥なし　⑦日程変更あり2/1・2/2・2/4・2/5へ

三輪田学園○
①15分まで　②ある　③実施・参考程度　④なし　⑤なし　⑥なし　⑦なし

武蔵●
①状況により対応　②状況により対応　③なし　④なし　⑤未定

武蔵野女子学院○
①30分まで　②ある　③なし　④なし　⑤予定・電話　⑥都立中高一貫校受検者は都立の合格発表翌日まで手続き延期可　⑦第3回日程2/5→2/3　第1回定員120名→100名　ＭＪスカラ1日程・定員（2/2　30名→2/1　40名）　ＭＪスカラ2日程・定員（2/3　10名→2/2　20名）

武蔵野東◎
①20分まで　②ある　③実施・ある程度考慮　④ある　⑤予定・電話　⑥第1回午後入試のみ、国立・公立中高一貫校併願者は出願時に申し出れば受検校発表日の15:00まで延納可　⑦第4回は実施しない

⑤なし　⑥公立中高一貫校受検者のみ延納制度あり　⑦2/1（1回目）に適性検査型入試を実施

日本学園●
①30分まで　②ある　③なし　④なし　⑤なし　⑥なし　⑦2/1午後に適性検査入試を実施

日本工業大学駒場◎
①災害・交通事情等の場合のみ認める　②ある　③なし　④なし　⑤予定・掲示とインターネット（補欠合格）

日本女子大学附属○
①50分まで　②ある　③実施・参考程度　④なし　⑤予定・電話　⑥3/30 15:00までに申し出た場合一部返還　⑦なし

日本大学◎
①20分まで　②ある　③なし　④なし　⑤未定

日本大学第一中学校◎
①認めない　②ある　③なし　④なし　⑤なし　⑥なし　⑦なし

日本大学第三◎
①10分まで　②ある　③なし　④なし　⑤予定・電話　⑥なし　⑦第3回入試廃止　入試科目4科のみへ　募集定員変更1回目160名・2回目100名へ　入学手続締切日2/6へ

日本大学第二◎
①20分まで　②ある　③実施・かなり重視　④なし　⑤予定・電話

日本大学豊山●
①認める　②ある　③なし　④なし　⑤なし　⑥第1回のみ100,000円納入により残額130,000円を2/5 13:00まで延納可

日本大学豊山女子○
①30分まで　②ある　③なし　④ある　⑤未定・行う場合電話（追加合格）⑦第3回　2科・4科選択へ

日本大学藤沢◎
①認める　②ある　③なし　④なし　⑤未定　⑥なし　⑦なし

日本橋女学館○
①認める　②ある　③なし　④なし　⑤なし　⑥なし　⑦なし

ハ

函館白百合学園○
①30分まで　②ある　③2/5後期のみ実施・ある程度考慮　④なし　⑤なし　⑦会場変更有

函館ラサール●
①30分まで　②ある　③なし　④なし　⑤予定・電話　⑥前期入試のみ延納制度（50,000円）あり　⑦なし

八王子学園八王子◎
①認めない　②ある　③なし　④なし　⑤未定　⑥なし

八王子実践◎
①20分まで　②ある　③実施・かなり重視　④なし　⑤なし　⑥なし　⑦なし

日出学園◎
①認める　②ある　③なし　④なし　⑤なし　⑥一般併願受験生は入学金150,000円納入により施設整備費200,000円を2/9まで延納可　⑦一般入試試験科目2科・4科選択→4科のみへ

広尾学園◎
①30分まで　②ある　③なし　④なし　⑤なし　⑥なし　⑦日程変更あり　2/3午後→2/5午前

フェリス女学院○
①20分まで　②ある　③実施・参考程度　④非公表　⑤予定・電話　⑥辞退手続きにより納入金の一部返還可

富士見○
②ある　③なし　④なし　⑤予定・電話　⑥辞退を申し出た場合設備費50,000円を返還　⑦なし

富士見丘○
①20分まで　②なし　③ウィル入試と午前入試のみ実施・ウィル入試＝かなり重視　午前入試＝ある程度考慮　④なし　⑤なし　⑥なし　⑦午前入試に面接を導入　午前入試3科は国語・算数の2科と英語・理科・社会から1科選択へ

藤村女子○
①時間終了まで認める（個人的理由の場合試験時間延長なし）②ある　③なし　④なし　⑤なし　⑦適性検

前

横浜英和女学院○
①15分まで ②ある ③実施・参考程度 ④なし ⑤予定・電話 ⑥施設費のみ2/11まで延納可 複数回出願し合格後手続きをした受験生は合格決定後の回の選考料を返還 ⑦日程変更あり B日程2/3→2/2 C日程2/5→2/3 D日程2/4

横浜共立学園○
①認めない ②ある ③実施・かなり重視 ④ある ⑤未定・電話 ⑥なし ⑦なし

横浜女学院○
①試験開始後20分まで ②ある ③なし ④なし ⑤未定・電話 ⑥2/29正午までに辞退届提出により施設費返還 ⑦なし

横浜翠陵◎
①認める（試験時間延長なし） ②ある ③なし ④約4割程度 ⑤なし・行う場合掲示とインターネット ⑥なし ⑦第5回入試日2/5午前へ

横浜創英◎
①10分まで ②ある ③なし ⑤未定 ⑥なし ⑦なし

横浜隼人◎
①20分まで ②ある ③なし ④なし ⑤未定 ⑥3/31までに書面で辞退を申し出た場合施設費返還 ⑦複数回出願最大3回までへ

横浜富士見丘学園○
①20分まで ②ある ③なし ④なし ⑤予定・電話 ⑥延納に関しては特別な場合のみ相談のうえ対応 ⑦2/2午後入試実施

横浜雙葉○
①15分まで（公共交通機関の遅延による場合は時間を繰り下げ別室にて受験） ②ある ③実施・参考程度 ④なし ⑤未定（行う場合掲示とインターネット） ⑥2/4までに入学金納入により施設設備資金2/15まで延納可 ⑦なし

ラ

立教池袋●
①校長により判断 ②ある ③実施・非公表 ④ある ⑤予定・掲示とインターネット ⑥2/9 10:00までに辞退を申し出た場合維持資金の一部100,000円を返還 ⑦なし

立教女学院○
①認める ②ある ③実施・全く合否には関係しない ④なし ⑤未定 ⑥なし ⑦なし

立教新座●
①25分まで ②ある ③なし ④なし ⑤予定・インターネットと電話 ⑥所定期日までの手続きにより入学手続金の一部返還可 ⑦なし

立正大学付属立正◎
①20分まで ②ある ③なし ④なし ⑤なし ⑦2/4中高一貫6ヶ年特待入試導入

麗澤◎
①20分まで ②ある ③実施・参考程度 ④なし ⑤なし ⑥第1回・第2回は2/3 16:00まで延納可 ⑦第3回日程2/4→2/3

ワ

早稲田●
①25分まで ②ある ③なし ④なし ⑤未定 ⑥入学金以外の返還制度あり ⑦なし

早稲田実業学校◎
①20分まで ②ある ③なし ④なし ⑤なし

早稲田大学高等学院●
③実施・非公表 ④非公表 ⑥辞退の場合学費等のみ返還

和洋九段女子○
①認める ②ある ③なし ④なし ⑤予定・電話

和洋国府台女子○
①15分まで ②ある ③なし ④ある ⑤なし ⑥なし ⑦日程変更あり

茗渓学園◎
①10分まで ②ある ③寮生、海外生のみ実施・ある程度考慮 ④ある・非公表 ⑤予定・電話 ⑥辞退の場合施設費（185,000円）返還 ⑦なし

明治学院◎
①10分まで ②ある ③なし ④約3割程度 ⑤予定・電話 ⑥なし ⑦2/1（2科入試）新設 全日程面接廃止

明治大学付属中野●
①原則認めない ②ある ③なし ④なし ⑤未定・電話 ⑥なし ⑦なし

明治大学付属中野八王子◎
①試験開始30分まで ②ある ③なし ④なし ⑤未定・電話 ⑥なし ⑦なし

明治大学付属明治◎
①30分まで ②ある ③なし ④なし ⑤予定・電話 ⑥入学金を除く諸費用（130,000円）延納可（原則併願受験校の合格発表の翌日まで、ただし最長2/10 15:30まで）

明星◎
①10分まで ②なし ③実施・ある程度考慮 ④なし ⑤未定 ⑥なし ⑦募集定員第1回115名→90名・第2回25名→20名 第3回2科のみへ

明法●
①1限の終了まで（試験時間延長なし） ②ある ③なし ④なし ⑤なし ⑥2/9 16:30までに辞退の場合施設設備費90,000円を返還 ⑦2/2午前入試廃止 入試科目変更第2回2科→2科・3科選択 第3回3科→2科

目黒学院◎
①30分まで ②ある ③なし ④約1割程度 ⑤未定・電話 ⑥3/31までに辞退の場合全額返還 ⑦入試日程変更2/4→2/2午後 2/3入試試験科目4科→2科・4科選択

目黒星美学園○
①50分まで ②ある ③なし ④なし ⑤予定・電話 ⑥施設設備費のみ2/9 14:00まで延納可 ⑦入試日程2/1・2/2・2/3→2/2・2/3・2/5（発想力入試） 入試科目4科→2科・4科選択

目白研心◎
①20分まで ②ある ③なし ④なし ⑤予定・電話 ⑥なし ⑦なし

森村学園◎
①20分まで ②ある ③なし ④なし ⑤行う可能性あり・電話 ⑥施設維持費は2/17まで延納可 ⑦帰国生入試を1/6に実施

ヤ

八雲学園○
①認める ②ある ③なし ④なし ⑤未定 ⑥なし ⑦第3回日程2/4→2/3

安田学園●
①認める（午後入試の集合時間に遅刻の場合30分遅れ15時からの時差受験可） ②ある ③なし ④なし ⑤なし ⑦特奨入試2科・4科選択→4科のみへ

山手学院◎
①15分まで ③なし ④なし ⑤未定 ⑦募集定員変更A日程70名→90名・B日程40名→60名

山脇学園○
①20分まで ②ある ③なし ④なし ⑤予定・電話 ⑥複数回出願し合格後手続きをした受験生は合格決定後の回の選考料を返還 受付期間内に辞退の場合、学園維持整備費返還 ⑦ABC入試変更あり社会・理科各50点計50分→社会・理科各60点各30分 帰国入試で作文か英語を選択制に変更

横須賀学院◎
①20分まで ②ある ③なし ④約3割程度 ⑤未定・電話 ⑥施設費200,000円は2/24まで延納可 ⑦4次入試に聞き取り試験を追加 3次・4次入試において複数回優遇を実施 4次試験において検定試験等を優遇の材料とする

横浜●
①午前入試は試験開始後20分まで 午後入試4科は開始後10分まで 午後入試2科は開始後20分まで ②ある ③なし ④なし ⑤未定 ⑥3/31までに手続きをすれば施設費を返還 ⑦試験日程2/2午前→2/3午

これから行ける！学校説明会

●男子校　○女子校　◎共学校　□別学校

2011年11月10日(木)
↓
2012年1月29日(日)

データ提供：森上教育研究所

原則的に受験生と保護者対象のイベントを掲載。ただし、㊢：保護者対象、㊫：受験生対象
※日程や時間などは変更になる場合もございます。おでかけの際にはかならず各中学校にご確認ください。

11月	学校名	行事名	時間	予約	備考
12日(土)	●芝浦工業大学	学校説明会	13:30	不	㊢
	◎芝浦工業大学柏	学校説明会	14:00	不	
	◎修徳	学校説明会	14:00	不	
	◎淑徳巣鴨	公開授業	10:00	要	
	◎昭和学院	学校説明会	14:00	不	
	○女子美術大学付属	公開授業	8:35	不	
	○白梅学園清修	入試説明会・過去問題解説授業	14:00	要	
	○白百合学園	学校説明会	10:00	不	
	●巣鴨	学校説明会	10:00	不	
	●成城	学校説明会	10:30	不	
	◎成城学園	学校説明会	14:00	不	
	○聖徳大学附属女子	学校説明会	10:00	要	
	◎西武学園文理	入試説明会・学校説明会	10:00	不	
	○瀧野川女子学園	学習会（国・算・社・理）	14:00	要	㊫
	◎多摩大学附属聖ヶ丘	学校説明会	14:00	不	
	◎千葉明徳	個別相談会	9:00	要	㊢
	◎千代田区立九段	学校説明会	14:00	不	
	○千代田女学園	ミニ説明会	13:30	要	
	◎鶴見大学附属	入試説明会	10:00	不	
	◎帝京大学	学校説明会	10:00	不	
	◎帝京八王子	学校説明会	13:00	不	
	◎貞静学園	学校説明会	14:00	不	
	◎東京学館浦安	入試説明会	10:00	不	
	○東京純心女子	学校説明会	10:30	不	㊢
	○東京女子学院	TJGチャレンジ	9:00	要	
	○東京女子学園	学校説明会	14:00	不	
		体験入学	14:00	要	㊫
	●東京都市大学付属	ミニ説明会	10:00	要	
	◎東京都立三鷹	公開授業	8:30	要	
	○東洋英和女学院	学校説明会	10:00	不	
			13:30	不	
	●藤嶺学園藤沢	入試説明会	10:30	不	
	◎新島学園	入試相談会	14:00	要	
	○日本橋女学館	入試説明会	10:00	不	
	○フェリス女学院	学校説明会	10:00	不	㊢
			14:00	不	㊢
	○富士見	学校説明会	10:30	要	
	○富士見丘	学校説明会	9:30	不	
		授業見学会	10:35	不	
	○文化学園大学杉並	オープンキャンパス	14:00	要	
	○文華女子	学校説明会	10:00	不	
	●法政大学第二	学校説明会	10:00	不	
	◎宝仙学園共学部理数インター	学校説明会	10:30	不	
	◎本庄東高等学校附属	学校説明会	9:00	要	
	○聖園女学院	過去問勉強会	9:30	不	㊫
		学校説明会	9:30	不	
		体験入学	9:30	不	㊫
	◎明星学園	学校説明会	14:00	要	
	○三輪田学園	学校説明会	10:00	不	
	◎武蔵野	学校説明会	13:00	不	
	◎明治大学付属明治	学校見学会	10:00	不	
			13:30	不	
	◎明星	学校説明会	14:00	不	
		模擬試験	14:00	要	㊫

11月

11月	学校名	行事名	時間	予約	備考
10日(木)	◎工学院大学附属	学校説明会	10:00	不	
	○品川女子学院	入試説明会	10:00	要	㊢
	○十文字	入試説明会・学校説明会	10:00	不	
	○女子学院	学校説明会	8:10	要	㊢
	○聖セシリア女子	学校説明会	10:00	不	
	◎千葉明徳	個別相談会	13:00	要	㊢
	◎日本工業大学駒場	個別相談会	16:00	不	
	○村田学園小石川女子	学校説明会	10:30	要	
	◎山手学院	入試説明会	10:30	要	㊢
11日(金)	○玉川聖学院	入試説明会	10:00	不	㊢
	◎千葉明徳	個別相談会	13:00	要	㊢
	○田園調布学園	学校説明会	10:00	不	
	□桐光学園	学校説明会	10:00	不	
12日(土)	○愛国	学校説明会	10:00	不	
			14:00	不	
	●足立学園	学校説明会	10:00	不	
	◎アレセイア湘南	学校見学・個別相談日	10:00	要	
	●栄光学園	オープンキャンパス	14:00	不	
	○江戸川女子	入試説明会	10:00	不	
	○鷗友学園女子	学校説明会	10:00	要	㊢
	○大妻嵐山	入試説明会	14:00	要	
	●海城	入試説明会	13:00	要	
	◎春日部共栄	入試説明会・学校説明会	10:00	不	
	◎神奈川県立平塚	学校説明会	10:00	要	
			14:00	要	
	●鎌倉学園	入試説明会・学校説明会	13:30	要	
	○鎌倉女学院	学校説明会	10:00	不	
	○鎌倉女子大学	学校体験	10:00	要	㊫
	○函嶺白百合学園	入試説明会	10:00	不	
	○北鎌倉女子学園	音楽コース個別相談会	9:00	不	
	◎共愛学園	入試説明会・入試勉強会	9:30	要	
	◎慶應義塾湘南藤沢	学校説明会	10:00	不	慶應義塾湘南藤沢キャンパス θ館
			12:00	不	慶應義塾湘南藤沢キャンパス θ館
	○京華女子	学校説明会	10:30	不	
	○恵泉女学園	学校説明会	10:00	不	
	●攻玉社	オープンキャンパス	13:30	要	
	●佼成学園	入試問題解説会	13:30	不	
		学校説明会	14:30	不	
	○佼成学園女子	学校説明会	13:00	不	
		オープンキャンパス	14:00	要	
	◎国士舘	入試説明会	10:00	不	
	◎駒込	入試説明会	10:00	要	
	◎桜丘	入試説明会	14:00	要	
	●サレジオ学院	学校説明会	14:00	不	㊢
	◎志学館	入試説明会	10:00	不	
	◎実践学園	入試説明会	14:30	不	
	○実践女子学園	学校説明会	13:30	不	

11月	学校名	行事名	時間	予約	備考
19日(土)	◎開智	学校説明会	10:00	不	
	◎かえつ有明	公開授業	8:45	要	
	●学習院	入試説明会・学校説明会	14:00	不	
	○学習院女子	学校説明会	14:00	不	学習院女子大学やわらぎホール (保)
			15:30	不	学習院女子大学やわらぎホール (保)
	◎関東学院六浦	6年生のための勉強会	9:00	要	
		学校説明会	10:00	不	
	○北鎌倉女子学園	入試過去問題学習会	9:30	要	
	○吉祥女子	学校説明会	10:30	不	
	○国本女子	学校説明会	10:00	不	
	○駒沢学園女子	学校説明会	13:30	不	
	◎実践学園	入試説明会	14:30	不	
	●芝	学校説明会	11:00	不	
	◎渋谷教育学園渋谷	学校説明会	13:30	不	
	○淑徳ＳＣ	学校説明会	13:30	不	
	●城北埼玉	公開授業	10:40	要	
	◎昭和学院	学校説明会	14:00	不	
	○女子学院	学校説明会	10:00	要	(保)
	○女子美術大学付属	公開授業	8:35	不	
		入試説明会・学校説明会	14:00	不	
	●逗子開成	入試説明会	10:00	不	
	◎駿台学園	学校説明会	10:30	不	
	○成女学園	学校説明会	14:00	不	
	◎西武台	入試説明会	14:00	不	
	○聖和学院	個別説明会	10:00	要	
	◎多摩大学目黒	体験学習	10:00	要	横浜セミナーハウス
	◎千葉日本大学第一	学校説明会	14:00	不	
	◎貞静学園	学校説明会	14:00	不	
	○東京家政学院	キャンパスツアー	11:00	要	
	○東京家政大学附属女子	学校説明会	10:00	不	
	◎東京学館浦安	入試説明会	10:00	不	
	◎東京女学館	学校説明会	13:30	要	
	○東京女子学院	学校説明会	10:30	不	
	◎東京電機大学	入試説明会	14:00	不	
	◎東京都立小石川	公開授業	8:45	不	
	◎東京都立白鷗高等学校附属	学校公開	9:30	不	
	◎東京都立南多摩	公開授業	8:40	不	
	◎東京立正	入試説明会・学校説明会	10:00	不	
	○桐朋女子	学校説明会	10:00	不	
	◎成田高等学校付属	入試説明会	10:00	不	
	◎新島学園	入試相談会	14:00	要	
	◎二松學舍大学附属柏	中学個別相談会	14:00	不	
	○新渡戸文化	入試体験会	9:00	要	(受)
	○日本女子大学附属	入試説明会・学校説明会	10:00	不	
	◎日出	オープンキャンパス	10:00	要	
		学校説明会	14:00	要	
	◎日出学園	学校説明会	10:00	要	
	◎広尾学園	中学授業体験会（説明会同時開催）	9:30	要	
	○富士見	学校見学会	14:00	要	
	◎文教大学付属	オープンアクティビティ	14:00	要	(受)
	◎法政大学	入試説明会・学校説明会	10:30	要	
	◎宝仙学園共学部理数インター	学校説明会	14:00	不	
	○三輪田学園	校長と入試問題にチャレンジ	10:00	要	(受)
	◎武蔵野	個別相談会	12:00	不	
		過去問題解説会Ｉ	13:00	要	
	◎武蔵野東	公開体験講座	10:30	要	(受)
	◎明治学院	学校説明会	14:00	不	
	◎目黒学院	入試説明会・学校説明会	10:00	不	
	◎山手学院	入試説明会	10:00	不	
	○山脇学園	入試説明会・学校説明会	10:00	不	

11月	学校名	行事名	時間	予約	備考
12日(土)	◎目白研心	学校説明会	10:30	不	
	◎横浜創英	学校説明会	10:00	不	
	●立教池袋	学校説明会	10:00	不	(保)
	◎立正	入試問題解説会	14:00	不	
	○和洋九段女子	学校体験会	10:00	要	
	○和洋国府台女子	学校説明会	10:00	不	
			14:00	不	
13日(日)	◎神奈川県立平塚	学校説明会	10:00	要	
			14:00	要	
	◎慶應義塾湘南藤沢	学校説明会	10:00	不	慶應義塾湘南藤沢キャンパス θ館
			12:00	不	慶應義塾湘南藤沢キャンパス θ館
	◎常総学院	本校個別相談会	10:00	不	
	◎千代田区立九段	学校説明会	10:00	不	
			13:30	不	
	◎貞静学園	学校説明会	14:00	不	
	◎東京成徳大学	学校説明会	10:30	不	
	◎東京農業大学第一高等学校	学校説明会	10:00	不	東京農業大学百周年記念講堂
	●獨協	学校説明会	14:00	不	
	◎日本工業大学駒場	学校説明会	14:00	不	
	○文京学院大学女子	体験！文京学院方式	10:00	不	ホール
	◎星野学園	入試説明会	10:00	要	
	◎和光	入試説明会	10:00	不	
14日(月)	◎穎明館	学校説明会	10:00	不	
	○十文字	個別相談会	10:00	不	
	◎聖徳学園	イブニング説明会	19:00	要	
	◎昌平	学校説明会	10:00	不	
	◎千葉明徳	個別相談会	13:00	要	(保)
	○文京学院大学女子	オープンキャンパス	10:30	不	
	◎麗澤	学校説明会	10:30	不	
	○和洋九段女子	ミニ説明会	10:00	要	
15日(火)	◎浦和実業学園	公開授業	9:00	不	
	◎国士舘	授業見学会	13:10	要	
	○女子学院	学校説明会	8:10	要	(保)
	●聖学院	入試説明会・学校説明会	10:00	不	
	◎千葉明徳	個別相談会	13:00	要	(保)
	□桐蔭学園	学校説明会	10:00	要	
16日(水)	○愛国	学校説明会	17:00	不	
	◎浦和実業学園	公開授業	9:00	不	
	◎湘南学園	入試説明会	9:30	要	
	○女子聖学院	入試説明会・学校説明会	10:00	不	(保)
	◎聖ヨゼフ学園	学校説明会	10:00	不	(保)
	◎多摩大学目黒	学校説明会	10:30	不	
	◎千葉明徳	個別相談会	13:00	要	(保)
	○日本橋女学館	保護者説明会	10:00	不	(保)
	●安田学園	授業参観	10:00	不	
	○横浜女学院	ミニ説明会	10:00	要	(保)
17日(木)	◎浦和実業学園	公開授業	9:00	不	
	○小野学園女子	学校説明会	10:00		
	○共立女子第二	学校説明会	10:30	不	(保)
	○麹町学園女子	学校説明会	10:30	不	
	○品川女子学院	入試説明会	10:00	要	(保)
	○女子学院	学校説明会	8:10	要	(保)
	○聖ドミニコ学園	公開授業	9:45	不	
	○瀧野川女子学園	授業見学会	10:30	不	
	□桐蔭学園（男子部）	学校説明会	10:00	要	
	●桐蔭学園中等教育学校	学校説明会	10:00	要	
	●本郷	入試説明会	10:30	不	
	◎明治大学付属明治	学校説明会	10:30	要	
18日(金)	◎浦和実業学園	公開授業	9:00	不	
	◎かえつ有明	公開授業	8:45	要	
	◎城西大学附属城西	学校説明会	18:00	不	
	◎横浜翠陵	学校説明会	10:00	要	(保)
	○横浜富士見丘学園	学校説明会	10:00	不	
19日(土)	○跡見学園	公開授業	14:00	要	
	◎アレセイア湘南	学校見学・個別相談日	10:00	要	
	◎郁文館	入試説明会	14:00		
	○桜蔭	学校説明会	9:30	要	
	○大妻	学校説明会	9:45	不	大妻講堂
			13:15	不	大妻講堂
	●海城	入試説明会	13:00	要	

11月	学校名	行事名	時間	予約	備考
25日(金)	○神田女学園	個別相談会	17:00	不	
	□国学院大学久我山	学校説明会	13:00	不	調布市グリーンホール
	○品川女子学院	入試説明会	10:00	要	(保)
	○聖セシリア女子	学校見学会	10:00	要	
	○聖徳大学附属女子	進学相談会	10:00	要	
	◎西武学園文理	入試説明会・学校説明会	10:00	不	
	◎聖ヨゼフ学園	ミニ説明会	10:30	要	(保)
	◎鶴見大学附属	サテライト説明会	19:00	要	鶴見大学会館
	●藤嶺学園藤沢	入試説明会	10:30	不	
	○トキワ松学園	学校説明会	10:30	要	(保)
	◎明星	学校説明会	19:00	不	
26日(土)	◎アレセイア湘南	学校説明会と体験入試	10:00	要	
	◎上野学園	学校説明会	10:00	要	
	○宇都宮海星女子学院	学校見学会	10:00	不	
	●栄光学園	学校説明会	10:30	不	(保)
	◎江戸川学園取手	入試説明会	10:00	不	
	○大妻中野	入試説明会	10:00	不	
			14:00	不	
	○大妻嵐山	入試説明会	10:00	要	
	●鎌倉学園	入試説明会・学校説明会	10:00	要	
	○鎌倉女子大学	学校説明会	10:00	不	
	○神田女学園	個別相談会	10:00	不	
	◎暁星国際	学校説明会	13:00	要	
	○共立女子	入試説明会	13:00	不	
	○香蘭女学校	学校説明会	14:00	不	
	◎国士舘	入試説明会	10:00	不	
	○品川女子学院	学校見学会	9:30	要	(保)
	◎芝浦工業大学柏	学校説明会	14:00	不	
	◎自由の森学園	学校説明会	10:00	不	
	○淑徳ＳＣ	学校説明会	13:30	不	
	○淑徳与野	学校説明会	10:00	不	
	◎城西大学附属城西	学校説明会	14:30	不	
	◎聖徳学園	学校説明会	10:00	要	
		公開授業	10:00	要	
		体験授業	10:00	要	(受)
	○女子聖学院	体験授業	9:00	要	
	◎駿台学園	学校説明会	10:30	不	
	○成女学園	公開授業	13:00	不	
		学校説明会	14:00	不	
	○聖ドミニコ学園	学校説明会	9:30	不	
	○星美学園	ちからだめし（ミニ説明会）	9:00	要	
	◎聖望学園	学校説明会	14:30	不	
	○聖和学院	個別説明会	10:00	要	
	○洗足学園	学校説明会	9:45	不	
	○瀧野川女子学園	説明会&相談会	14:00	不	
	◎帝京	出題傾向重点会	13:30	不	
	◎帝京八王子	学校説明会	13:00	不	
	◎貞静学園	学校説明会	14:00	不	
	◎東海大学菅生高等学校	入試体験教室	14:00	要	
	◎東京都市大学等々力	学校説明会	10:00	要	
	●東京都市大学付属	ミニ説明会	10:00	要	
	◎東京都立桜修館	入学検査説明会	※要問合せ	要	
	◎東京都立三鷹	公開授業	8:30	要	
		学校説明会	13:30	不	
	◎東京都立両国高校附属	学校見学会	9:30	不	
		学校説明会	11:30	不	
		学校見学会	14:00	不	
	◎東星学園	学校見学会・ミニ説明会	10:30	要	
	◎東邦音楽大学附属東邦	音楽アドバイス	9:00	要	
	○東洋英和女学院	入試問題解説会	9:00	不	
	○豊島岡女子学園	学校説明会	14:00	不	
	◎二松學舍大学附属柏	中学全体説明会	14:00	不	
	◎日本大学第三	入試説明会・学校説明会	13:45	不	
	◎日本大学第二	学校説明会	14:00	不	
	○日本大学豊山女子	学校説明会	10:00	不	
	◎日本大学藤沢	入試説明会	10:00	不	隣接の学部の体育館
	○富士見丘	入試説明会	10:00	不	
		WILL入試傾向と対策	11:00	要	
	○文化学園大学杉並	学校説明会	14:00	不	

11月	学校名	行事名	時間	予約	備考
19日(土)	◎横須賀学院	学校案内日	10:30	不	
	●横浜	学校説明会	10:00	不	
	○横浜英和女学院	土曜見学会	10:00	要	
	○横浜女学院	学校説明会	10:00	要	
	◎麗澤	学校 ミニ体験会	10:00	要	
	○和洋九段女子	学校説明会	13:30	不	
20日(日)	◎大宮開成	入試問題対策説明会	10:00	要	(受)
	◎片山学園	学校説明会	10:00	要	
	○カリタス女子	学校説明会	10:00	不	
	○北豊島	学校説明会	10:00	要	
	◎共栄学園	特進クラス・特待生制度説明会	9:30		
	○光塩女子学院	入試説明会	14:00	不	
	◎佐久長聖	体験入学	9:00	要	
	◎秀明八千代	学校説明会	10:00	不	
	◎専修大学松戸	学校説明会	10:00	不	
	◎橘学苑	オープンスクール	9:30	要	(受)
		学校説明会	9:30	不	(保)
	◎千葉国際	入試説明会	10:00	不	
	◎千葉明徳	入試説明会	10:40	不	
		入試練習会	10:40	要	(受)
	◎土浦日本大学	学校説明会	10:00	不	
	◎貞静学園	学校説明会	14:00	不	
	○戸板	入試説明会	10:00	不	
		入試直結算数教室	10:00	要	
	◎東海大学付属浦安高等学校	学校説明会	10:00	不	
	●東京都市大学付属	過去問チャレンジ	10:00	要	(受)
		入試説明会	10:00	不	
	●日本学園	入試につながる理科実験教室	10:00	要	
		入試説明会	10:00	要	
	○文華女子	学校説明会	10:00	不	
	●明法	入試説明会	10:30	不	
	◎八千代松陰	入試説明会	10:00	不	
	●立教新座	学校説明会	9:30	不	
			11:30	不	
	◎和光	和光教研	9:00	要	
21日(月)	○大妻多摩	学校説明会	10:30	不	(保)
	◎帝京八王子	学校説明会	10:30	不	
	●桐朋	学校説明会	14:00	要	
22日(火)	○鷗友学園女子	学校説明会	10:00	要	(保)
	●佼成学園	学校説明会	19:00	不	
	○東京家政学院	夜の説明会	19:00	要	
23日(祝)	◎かえつ有明	学校説明会	10:00	不	
	○北豊島	特別奨学生セミナー	9:00	要	(受)
	○恵泉女学園	入試説明会	10:30	不	
			14:00	不	
	◎埼玉平成	入試説明会	10:00	不	
		入試問題解説会	10:00	要	
	◎栄東	入試問題解説会	8:30	要	(受)
		学校説明会	8:40	不	(保)
	◎淑徳	全体説明会	9:30	要	淑徳ホール
	●城西川越	入試問題解説会	9:00	要	
			12:15	要	
	◎常総学院	入試説明会	10:00	要	
	●城北	入試説明会・学校説明会	10:00	不	
	○昭和女子大学附属昭和	学校説明会	10:00	不	人見記念講堂
		入試問題解説会	10:00	要	人見記念講堂 (受)
	○白梅学園清修	エリコラ体験	10:00	要	
		学校説明会	10:00	要	
	○千代田女学園	入試説明会・学校説明会	10:30	不	
	○中村	学校説明会	10:00	要	
	○藤村女子	予想問題解説会	9:00	要	
	○文京学院大学女子	部活動見学	13:30	要	
	○武蔵野女子学院	体験入学&入試問題解説2011	10:00	不	
	○八雲学園	学校説明会	10:30	不	
	◎横浜翠陵	入試問題解説会	10:00	要	
24日(木)	◎大宮開成	入試説明会・学校説明会	10:00	不	
	○トキワ松学園	学校説明会	10:30	要	(保)

これから行ける！学校説明会

12月	学校名	行事名	時間	予約	備考
3日(土)	◎大宮開成	入試説明会・学校説明会	10:00	不	
	◎開智	入試問題説明会	14:00	不	
	○北鎌倉女子学園	音楽コース個別相談会	9:30	不	
		ミニ説明会	10:00	要	
	○北豊島	学校説明会	11:00	要	
	○共立女子	帰国生入試説明会	10:00	不	
	○光塩女子学院	過去問説明会	14:00	要	
	◎工学院大学附属	入試本番模擬体験	9:00	要	(受)
		学校説明会	10:00	不	
	●攻玉社	入試説明会	10:30	不	
	○麹町学園女子	入試説明会・入試問題傾向	14:30	不	
	◎国士舘	学校見学会	10:00	不	
	◎埼玉平成	個別相談会	10:00	不	
		公開授業	10:00	不	
	◎自修館	入試説明会	9:30	不	
			13:30	不	
	◎実践学園	入試説明会	14:30	不	
	○品川女子学院	学校見学会	9:30	要	(保)
	●芝浦工業大学	学校説明会	13:30	不	(保)
	○淑徳ＳＣ	学校説明会	13:30	不	
	●城西川越	学校説明会	13:30	不	
	○女子美術大学付属	入試説明会・学校説明会	14:00	不	
	○白百合学園	小６生対象学校見学会	14:00	要	
	◎杉並学院	学校説明会	10:30	不	
	◎駿台学園	学校説明会	10:30	不	
	●聖学院	公開授業	10:00	要	
	◎成蹊	学校説明会	13:30	不	成蹊大学
	○成女学園	学校説明会	14:00	不	
	○清泉女学院	入試説明会	10:00	不	(保)
	◎青稜	入試説明会	10:30	不	(保)
	○聖和学院	個別説明会	10:00	要	
	●世田谷学園	6年生対象説明会	10:30	要	
	●高輪	入試説明会	14:00	要	
	○玉川聖学院	クリスマス礼拝と入試説明会	10:00	不	
	◎多摩大学目黒	学校説明会	10:30	不	
	◎中央大学附属	入試説明会・学校説明会	13:00	不	
	○千代田女学園	入試問題解説会	10:30	不	
	◎鶴見大学附属	入試問題説明会	10:00	不	
	◎貞静学園	学校説明会	14:00	不	
	○東京家政学院	過去問題対策	10:00	不	
			14:00	不	
	◎東京学館浦安	入試説明会	10:00	不	
	○東京純心女子	学校説明会	10:30	要	(保)
		小6入試体験会	10:30	要	(受)
	●東京都市大学付属	ミニ説明会	10:00	要	
	◎東京都立白鷗高等学校附属	学校公開	9:30	不	
	◎東京都立武蔵高等学校附属	学校説明会	9:00	不	
	◎東京農業大学第一高等学校	入試説明会	10:00	不	東京農業大学百周年記念講堂
			14:00	不	東京農業大学百周年記念講堂
	□桐光学園	中学帰国生対象説明会	13:30	不	
	◎東邦音楽大学附属東邦	音楽アドバイス	9:00	要	
	○桐朋女子	学校説明会	13:30	不	
	◎新島学園	入試相談会	10:00	要	
	◎二松學舍大学附属柏	中学個別相談会	14:00	不	
	○新渡戸文化	学校説明会	14:30	不	
	◎日本大学第一	学校説明会	10:30	要	
	○日本橋女学館	入試説明会	14:00	不	
	◎日出	学校説明会	11:00	要	
	○富士見	学校説明会	10:30	要	
	○藤村女子	学校説明会	10:00	不	
	○普連土学園	入試問題解説会	9:00	不	
	○文華女子	学校説明会	14:00	不	
	●本郷	入試説明会	14:00	不	
	◎明星学園	入試説明会	14:00	要	

11月	学校名	行事名	時間	予約	備考
26日(土)	○文京学院大学女子	オープンキャンパス	10:30	不	
		学校説明会	14:00	不	ホール
	◎星野学園	入試説明会	10:00	要	
	◎武蔵野	学校説明会	10:00	不	
	◎武蔵野東	公開体験講座	10:30	要	(受)
	○村田学園小石川女子	入試問題解説会	10:30	要	
	◎明治大学付属中野八王子	入試説明会・学校説明会	14:00	不	
	●明法	入試説明会	10:30	要	
	◎横浜創英	学校見学会	※要問合せ	不	
	○横浜雙葉	土曜日学校案内	9:00	要	
			10:00	要	
			11:00	要	
	○立教女学院	学校説明会	13:00	不	
	○和洋九段女子	入試対策勉強会国・算	10:00	要	
27日(日)	○愛国	学校説明会	10:00	不	
			14:00	不	
	◎浦和実業学園	入試問題学習会	10:00	不	
	○大妻多摩	入試説明会	10:00	不	
	○小野学園女子	サイエンス・オープンキャンパス	14:00	要	
	○神田女学園	個別相談会	10:00	不	
	○京華女子	学校説明会	10:30	不	
	○晃華学園	入試説明会・学校説明会	10:00	不	
	○十文字	入試説明会・学校説明会	10:00	不	
	●城北埼玉	学校説明会	10:40	不	
	◎成立学園	入試説明会・学校説明会	10:00	不	
	◎貞静学園	学校説明会	14:00	不	
	◎東海大学付属相模	入試説明会・学校説明会	10:00	不	
	◎東京都立桜修館	入学検査説明会	※要問合せ	要	
	◎東京都立小石川	適性問題解説会	9:10	要	(受)
			11:10	要	(受)
	◎東京都立白鷗高等学校附属	願書配布説明会	※要問合せ	不	西校舎
	◎東京都立南多摩	応募説明会	※要問合せ	不	(保)
		学校説明会	※要問合せ	不	
	◎獨協埼玉	入試説明会・学校説明会	10:00	不	
	◎日本工業大学駒場	学校説明会	14:00	不	
	○新渡戸文化	公開授業	8:40	不	
	●日本大学豊山	入試説明会・学校説明会	14:00	不	
	○日本橋女学館	入試説明会	10:00	不	
	●武相	理科実験・社会科教室	9:30	要	(受)
			13:00	要	(受)
	◎文教大学付属	学校説明会	14:00	不	
28日(月)	○江戸川女子	入試説明会	10:00	不	
	◎明治学院	学校説明会	10:30	不	
30日(水)	●成城	学校説明会	10:30	不	
	○戸板	入試説明会	10:30	不	(保)
	○横浜女学院	ミニ説明会	10:00	要	(保)

12月

12月	学校名	行事名	時間	予約	備考
1日(木)	○函嶺白百合学園	ウィーク・デイ説明会	12:30	要	
	○恵泉女学園	入試説明会	10:00	不	(保)
	◎埼玉栄	入試説明会	10:40	不	(保)
	●世田谷学園	６年生対象説明会	10:30	要	
	◎武蔵野東	ナイトタイム説明会	18:00	不	(保)
	●明法	入試説明会	10:30	要	
	○目黒星美学園	学校説明会	10:00	不	
2日(金)	○三輪田学園	学校説明会	10:00	不	
	○横浜英和女学院	ナイト説明会	18:30	要	
3日(土)	○跡見学園	入試説明会・学校説明会	10:30	不	
	○浦和明の星女子	学校説明会	9:30	不	
	◎穎明館	学校説明会	13:30	不	

12月	学校名	行事名	時間	予約	備考
10日(土)	○聖和学院	学校説明会	10:00	不	
	●世田谷学園	5年生以下対象	10:30	要	
	◎相洋	学校説明会	10:00	要	
	◎瀧野川女子学園	説明会&相談会	14:00	不	
	◎玉川学園	学校説明会	14:30	不	
	◎多摩大学附属聖ヶ丘	学校説明会	14:00	不	
	◎千葉国際	入試説明会	10:00	不	
	◎千葉日本大学第一	学校説明会	14:00	不	
	◎千葉明徳	学校説明会	10:40	不	
		入試練習会	10:40	要	(受)
	◎帝京	過去問題解説会	13:30	不	
	◎貞静学園	学校説明会	14:00	不	
	□桐蔭学園 ●桐蔭学園中等教育学校	入試説明会	10:00	不	
	○東京家政大学附属女子	学校説明会	10:00	要	
	○東京女学館	学校説明会	10:00	不	
	○東京女子学院	TJGチャレンジ	9:00	要	
	◎東京都立三鷹	公開授業	8:30	要	
	◎東京立正	入試説明会・学校説明会	10:00	不	
	□桐光学園	中学入試説明会男子対象	10:00	不	
		中学入試説明会女子対象	13:30	不	
	◎東邦音楽大学附属東邦	音楽アドバイス	9:00	要	
	●藤嶺学園藤沢	入試直前説明会	10:30	不	
	◎獨協埼玉	入試説明会・学校説明会	14:00	不	
	◎日本工業大学駒場	個別相談会	9:00	不	
	●日本学園	個別相談会	10:00	要	
	○日本大学豊山女子	学校説明会	10:00	不	
	◎日出学園	学校説明会	10:00	要	
	◎日出	学校説明会	11:00	要	
	○富士見丘	チャレンジ体験入試	13:00	要	(受)
		入試説明会	13:00	不	
	○普連土学園	学校説明会	10:00	不	(保)
		入試説明会	13:30	不	
	○文化学園大学杉並	入試説明会	14:00	不	
	◎文教大学付属	入試問題対策説明会	10:30	要	(受)
	◎法政大学	入試直前対策講習会	8:30	要	(受)
	◎宝仙学園共学部理数インター	学校説明会	10:30	不	
	○聖園女学院	学校説明会	9:30	不	
	○緑ヶ丘女子	入試説明会	10:30	不	
	◎武蔵野	学校説明会	10:00	不	
	◎山手学院	ミニ説明会	10:00	要	
	○山脇学園	入試説明会・学校説明会	10:00	不	
	◎横浜隼人	入試体験(プレテスト)	10:00	要	
	○横浜富士見丘学園	四科対策演習	9:00	不	
	◎立正	学校説明会	10:00	不	
	○和洋国府台女子	学校説明会	10:00	不	
			14:00	不	
11日(日)	○愛国	学校説明会	10:00	不	
	◎片山学園	学校説明会	10:00	要	
	◎公文国際学園	入試説明会	10:00	不	
	●京華	入試説明会	14:00	不	
	○京華女子	学校説明会	10:30	不	
	◎帝京八王子	体験入試	11:00	不	
	◎貞静学園	学校説明会	14:00	不	
	○戸板	入試説明会	9:00	不	
		入試模擬体験	9:00	要	
	◎東海大学付属浦安	学校説明会	10:00	不	
	◎東京成徳大学	入試説明会	10:30	不	
	●獨協	学校説明会	10:00	不	
	○村田学園小石川女子	入試直前ここがポイント	10:30	要	
13日(火)	●足立学園	学校説明会	10:00	不	
	◎武蔵野東	学校説明会	10:00	不	
14日(水)	○小野学園女子	学校説明会	10:00		
	○聖和学院	個別説明会	10:00	要	
15日(木)	◎東星学園	個別入試相談会	15:30	要	
16日(金)	◎東星学園	個別入試相談会	15:30	要	

12月	学校名	行事名	時間	予約	備考
3日(土)	○三輪田学園	校長と入試問題にチャレンジ	10:00	要	(受)
	◎武蔵野	学校説明会	13:00	不	
	◎明治大学付属明治	入試説明会	10:00	要	
			14:00	要	
	○八雲学園	学校見学会	9:00	不	
	○和洋九段女子	入試対策勉強会社・理	10:00	要	
4日(日)	○愛国	学校説明会	10:00	不	
			14:00	不	
	○吉祥女子	入試問題説明会	10:30	不	
			14:00	不	
	◎佐野日本大学	入試説明会・学校説明会	10:00	要	
	◎帝京八王子	体験入試	11:00	不	
	◎貞静学園	学校説明会	14:00	不	
	◎東京都立武蔵高等学校附属	学校説明会	9:00	不	
	○文京学院大学女子	一日文京生体験	10:00	要	ホール
	◎麗澤	学校説明会	10:30	不	
5日(月)	◎昌平	学校説明会	10:00	不	
6日(火)	◎淑徳	池袋ナイト説明会	19:00	要	豊島区民センター(コア・いけぶくろ) (保)
	○日本橋女学館	イブニング個別相談	18:00	不	(保)
	●武相	入試説明会	10:00	不	(保)
8日(木)	○神田女学園	入試説明会	10:00	不	
	○淑徳与野	学校説明会	13:00	不	
9日(金)	◎聖徳学園	イブニング説明会	19:00	要	
	●逗子開成	入試説明会	14:00	不	
	◎聖ヨゼフ学園	ミニ説明会	10:30	要	(保)
	◎横浜翠陵	学校説明会	10:00	要	(保)
10日(土)	◎アレセイア湘南	学校見学・個別相談日	10:00	要	
	◎郁文館	入試説明会	14:00		
	◎上野学園	学校説明会	10:00	要	
	○鷗友学園女子	入試対策講座	13:00	要	
	◎春日部共栄	入試説明会・学校説明会	10:00	不	
	○鎌倉女子大学	学校説明会	10:00	不	
	○カリタス女子	学校説明会	10:00	不	
	○川村	学校説明会	14:00	不	
		入試対策講座	14:00	要	(受)
	◎関東学院	入試説明会	10:00	不	
			14:00	不	
	◎関東学院六浦	学校説明会	10:00	不	
	○北鎌倉女子学園	音楽コース受験希望者試演会	9:30	要	
		ミニ説明会	10:00	要	
	◎暁星国際	学校説明会	13:00	要	
	○共立女子第二	学校説明会	14:00	不	(保)
	○晃華学園	ミニ入試説明会	10:00	不	
	●佼成学園	入試問題解説会	13:30	不	
		学校説明会	14:30	不	
	○佼成学園女子	「PISA型」入試問題学習会	14:00	要	
	◎国士舘	入試説明会	10:00	不	
	◎埼玉栄	入試問題学習会	9:30	要	
	◎埼玉平成	個別相談会	10:00	不	
		入試説明会	10:00	不	
	◎栄東	学校説明会	10:00	不	(保)
	◎修徳	学校説明会	14:00	不	
	◎自由の森学園	学校説明会	10:00	不	
	◎順天	学校説明会	13:00	不	
	◎城西大学附属城西	学校説明会	10:00	不	
	◎常総学院	入試説明会	10:00	要	三井ガーデンホテル柏
	◎湘南学園	入試説明会	10:00	要	
	○湘南白百合学園	入試説明会	9:30	要	
	◎昌平	学校説明会	10:00	不	
	○女子聖学院	入試説明会・学校説明会	14:00	不	
	◎駿台学園	学校説明会	10:30	不	
	○成女学園	個別相談会	10:00	要	
	○聖セシリア女子	学校説明会	10:00	不	
	○聖徳大学附属女子	学校説明会	10:00	要	

これから行ける！学校説明会

12月	学校名	行事名	時間	予約	備考
18日(日)	○聖ドミニコ学園	個別相談会	11:00	不	
	◎橘学苑	受験生のための模擬試験	8:20	要	(受)
		学校説明会	8:30	不	(保)
	◎中央大学横浜山手	学校説明会	10:00	不	
			11:30	不	
	○千代田女学園	入試説明会・入試問題練習会	10:30	不	
	◎帝京大学	学校説明会	10:00	不	
	◎東海大学付属相模	入試説明会・学校説明会	10:00	不	
	◎東星学園	個別入試相談会	10:00	要	
	○日本橋女学館	入試体験会	8:30	要	
	●武相	プレ入試にチャレンジ	8:30	要	(受)
	○文化学園大学杉並	入試説明会	10:00	不	
	○文京学院大学女子	体験！文京学院方式	10:00	不	ホール
	○武蔵野女子学院	入試傾向2011	10:00	不	
	◎目黒学院	入試説明会・学校説明会	10:00	不	
	◎八千代松陰	入試説明会	10:00	不	
	◎横浜翠陵	模擬入試	9:30	要	
	◎立正	入試問題解説会	10:00	不	
	◎麗澤	学校説明会	10:30	不	
	○和洋九段女子	学校説明会	10:00	不	
19日(月)	●日本学園	入試説明会	10:00	不	
	○八雲学園	学校説明会	10:30	不	
20日(火)	○函嶺白百合学園	入試個別相談会	10:00	要	
22日(木)	○戸板	冬の個別見学会	14:30	不	
	●東京都市大学付属	冬季イブニング説明会	18:30	要	
	○目黒星美学園	学校見学会	13:30	不	
	○山脇学園	ナイトミニ説明会	18:00	要	
23日(金)	◎かえつ有明	学校説明会	10:00	不	
	○北豊島	入試説明会	10:00	要	
	◎自由の森学園	学校説明会	10:00	不	
	○十文字	個別相談会	10:00	不	
	●聖学院	学校見学会	10:30	不	
	○星美学園	入試解説&体験会	14:20	要	(受)
		学校説明会	14:30	不	
		楽しい算数教室	14:45	要	
	◎成立学園	予想問題解説会	10:00	不	
	◎専修大学松戸	学校説明会	10:00	不	
	◎貞静学園	学校説明会	14:00	不	
	◎東海大学菅生	入試体験教室	10:00	要	
	○東京純心女子	クリスマスページェント	9:00	要	
	○トキワ松学園	入試を体験してみよう	14:00	要	(受)
		入試説明会	14:00	要	
	●本郷	親子見学会	10:30	要	
			14:00	要	
	○三輪田学園	直前説明会	10:00	不	
24日(土)	◎郁文館	入試説明会	14:00		
	○大妻	学校説明会	10:30	不	大妻講堂
	●京華	入試説明会	14:30	不	
	◎工学院大学附属	クリスマス相談会	10:00	要	
	◎埼玉栄	入試説明会	10:40	不	(保)
	○品川女子学院	学校見学会	9:30	要	(保)
			13:00	要	(保)
	○聖徳大学附属女子	進学相談会	10:00	要	
	○聖和学院	個別説明会	10:00	要	
	○瀧野川女子学園	説明会&相談会	14:00	不	
	○千代田女学園	ミニ説明会	13:30	要	
	○文華女子	体験学習・ミニクリスマス会	10:00	不	
	○三輪田学園	校長と入試問題にチャレンジ	13:30	要	(受)
	◎明治大学付属明治	学校見学会	13:30	不	
25日(日)	◎関東学院	学校説明会	13:00	要	
	○京華女子	学校説明会	14:00	不	
	◎東京都市大学等々力	学校説明会	10:00	要	
	○日本橋女学館	入試体験会	8:30	要	
	○和洋九段女子	プレテスト	8:40	要	

12月	学校名	行事名	時間	予約	備考
17日(土)	◎アレセイア湘南	学校見学・個別相談日	10:00	要	
	○宇都宮海星女子学院	クリスマス会	13:00	不	
	○大妻嵐山	入試説明会	14:00	要	
	◎かえつ有明	入試体験	8:30	要	
	○北鎌倉女子学園	ミニ説明会	10:00	要	
	○麴町学園女子	入試説明会・入試模擬体験	9:00	要	
	○佼成学園女子	学校説明会	10:00	要	
	○駒沢学園女子	学校説明会	10:00	不	
	◎桜丘	入試説明会	14:00	要	
	○実践女子学園	学校説明会	10:00	不	
	◎芝浦工業大学柏	学校説明会	14:00	不	
	◎修徳	学校説明会	14:00	不	
	◎淑徳巣鴨	学校説明会	14:00	不	
	◎聖徳学園	初めての方の説明会	10:00	要	
		学校説明会	14:00	要	
		体験授業	14:00	要	(受)
	◎昭和学院	学校説明会	14:00	不	
	○昭和女子大学附属昭和	学校説明会	10:00	不	人見記念講堂
		体験授業・入試問題解説	10:00	要	人見記念講堂 (受)
	○白梅学園清修	入試説明会	10:00	要	
		入試問題解説会	10:00	要	
	●逗子開成	土曜見学会	10:00	要	
	◎駿台学園	学校説明会	10:30	不	
	◎西武台	入試説明会	14:00	不	
	◎聖ヨゼフ学園	体験入試	9:00	要	
	●世田谷学園	入試直前説明会	10:30	要	
	○洗足学園	入試問題説明会	8:30	要	(受)
	◎鶴見大学附属	中学入試模擬体験	14:30	要	
	◎帝京八王子	適性検査模試	13:00	不	
	◎貞静学園	学校説明会	14:00	不	
	○東京女子学院	学校説明会	10:30	不	
	○東京女子学園	学校説明会	10:00	不	
		入試問題解説会	10:00	要	
		学校説明会	14:00	不	
		入試問題解説会	14:00	要	
	◎東京電機大学	過去問解説会	10:00	要	
	◎東星学園	個別入試相談会	13:00	要	
	◎中村	学校説明会	10:00	要	
	◎広尾学園	中学説明会	10:00	要	
	○文京学院大学女子	オープンキャンパス	10:30	不	
	◎宝仙学園共学部理数インター	学校説明会	14:00	不	
	◎星野学園	入試説明会	10:00	要	
	◎武蔵野	個別相談会	12:00	不	
	◎明星	学校説明会	14:00	不	
	◎目白研心	入試体験会	14:00	要	
	●安田学園	入試説明会	10:00	不	
	◎横須賀学院	学校案内日	10:30	不	
		入試問題体験会	10:30	要	(受)
	●横浜	入試過去問体験会	10:00	要	(受)
	○横浜英和女学院	学校説明会	10:00	要	
	○横浜女学院	学校説明会	10:00	要	
	◎横浜創英	学校説明会	10:00	不	
	○横浜雙葉	土曜日学校案内	9:00	要	
			10:00	要	
			11:00	要	
	◎和光	入試説明会	13:30	不	
18日(日)	◎浦和実業学園	入試問題学習会	10:00	不	
	○神田女学園	入試模擬体験	10:00	要	
	○北豊島	特別奨学生セミナー	9:00	要	(受)
	◎共栄学園	特進クラス・特待生制度説明会	9:30		
	○国本女子	クリスマス会	10:00	要	
	○京華女子	入試問題解説会	9:00	要	
	◎駒込	入試説明会	10:00	要	
	◎実践学園	入試問題説明会	14:30	不	
	◎秀明八千代	学校説明会	10:00	不	
	○十文字	入試説明会・学校説明会	10:00	不	
	◎淑徳	全体説明会 入試模擬問題配布と解説	9:30	要	淑徳ホール
	◎昌平	学校説明会	10:00	不	

1月	学校名	行事名	時間	予約	備考
9日(月)	○八雲学園	学校説明会	10:30	不	
	○横浜英和女学院	学校説明会	10:00	不	
	◎横浜創英	学校説明会	10:00	不	
11日(水)	○麹町学園女子	入試説明会・入試問題傾向	10:30	不	
	◎青稜	入試説明会	10:30	不	(保)
	○戸板	直前ガイダンス	10:30	不	(保)
12日(木)	○神田女学園	入試説明会	10:00	不	
	○品川女子学院	入試説明会	10:00	要	(保)
	◎多摩大学目黒	学校説明会	10:30	不	
		学校説明会	19:00	不	
	○村田学園小石川女子	学校説明会	10:30	要	
13日(金)	○玉川聖学院	入試説明会	10:00	不	
14日(土)	●足立学園	学校説明会	10:00	不	
	◎アレセイア湘南	学校説明会	10:00	不	
	○宇都宮海星女子学院	学校見学会	10:00	不	
	○小野学園女子	学校説明会	10:00	要	
	◎かえつ有明	学校説明会	10:00	不	
	○神奈川学園	初めての方学校説明会	10:30	不	
	○函嶺白百合学園	入試個別相談会	13:00	要	
	○北鎌倉女子学園	ミニ説明会	10:00	要	
	○国本女子	入試情報	10:00	不	
	◎工学院大学附属	学校説明会	14:00	不	
	●攻玉社	入試説明会	10:30	不	
	○麹町学園女子	入試説明会・入試問題傾向	14:30	不	
	○佼成学園女子	出願直前個別相談会	10:00	不	
	◎駒込	入試説明会	10:00	要	
	○駒沢学園女子	学校説明会	13:30	不	
	◎実践学園	入試説明会	10:30	不	
	○実践女子学園	学校説明会	10:30	不	
	○品川女子学院	学校見学会	9:30	要	(保)
	●芝浦工業大学	学校説明会	13:30	不	(保)
	◎修徳	学校説明会	14:00	不	
	◎淑徳巣鴨	入試対策説明会	14:00	不	
	◎城西大学附属城西	学校説明会	14:30	不	
	◎聖徳学園	初めての方の説明会	10:00	要	
		学校説明会	14:00	要	
		体験授業	14:00	要	(受)
	○女子美術大学付属	入試説明会・学校説明会	14:00	不	
	○白梅学園清修	ミニ学校説明会	10:00	要	
			13:00	要	
			15:00	要	
	◎杉並学院	学校説明会	10:30	不	
	◎駿台学園	学校説明会	10:30	不	
	○聖ドミニコ学園	学校説明会	13:00	不	
	◎帝京	直前予想問題解説会	13:30	不	
	○田園調布学園	学校説明会	10:00	不	
		入試体験	10:00	不	(受)
	◎東海大学菅生高等学校	学校説明会	14:00	不	
	○東京家政学院	入試直前対策	10:00	不	
			14:00	不	
	○東京純心女子	個別相談会	※要問合せ	要	(保)
	○東京女子学院	TJGチャレンジ	9:00	要	
	○東京女子学園	学校説明会	13:30	不	
	◎東京都立三鷹	公開授業	8:30	要	
	◎東京立正	入試説明会・学校説明会	10:00	不	
	◎東星学園	入試体験会	13:00	要	
	◎日本大学第二	学校説明会	14:00	不	
	◎日出	学校説明会	10:00	要	
	◎広尾学園	中学説明会	10:00	要	
	○富士見	学校説明会	10:30	要	
	○文化学園大学杉並	入試体験会	14:00	不	
	○文華女子	入試説明会	14:00	不	
	○文京学院大学女子	オープンキャンパス	10:30	不	
		学校説明会	14:30	不	ホール
	◎宝仙学園共学部理数インター	入試POINT会	10:30	不	
	○三輪田学園	直前説明会	10:00	不	
	◎武蔵野	個別相談会	12:00	不	
		過去問題解説会Ⅱ	13:00	要	

1月

1月	学校名	行事名	時間	予約	備考
5日(木)	◎成立学園	成立にチャレンジ	10:00	不	
7日(土)	◎アレセイア湘南	学校見学・個別相談日	10:00	要	
	◎郁文館	入試説明会	14:00	不	
	◎上野学園	入試体験会	13:30	要	
	○大妻多摩	入試説明会	10:00	要	
	○大妻中野	入試説明会	14:00	不	
	◎暁星国際	学校説明会	13:00	要	
	○光塩女子学院	学校見学会	10:30	要	
	○佼成学園女子	学校説明会	10:00	要	
	◎自由の森学園	学校説明会	10:00	不	
	○十文字	個別相談会	10:00	不	
		入試説明会・学校説明会	10:00	不	
	◎順天	学校説明会	13:00	不	
	○女子聖学院	学校説明会	14:00	不	
	◎駿台学園	学校説明会	10:30	不	
	○捜真女学校	入試相談会	13:30	不	
	○千代田女学園	入試直前情報会	13:30	不	
	◎帝京大学	学校説明会	14:00	不	
	◎東京学館浦安	入試説明会	10:00	不	
	◎東京成徳大学	入試説明会	10:30	不	
	◎東京電機大学	入試説明会	10:00	不	
	◎東京農業大学第一高等学校	学校説明会	14:00	不	東京農業大学百周年記念講堂
	○新渡戸文化	入試体験会	9:00	要	(受)
	◎日本大学第三	入試説明会・学校説明会	13:45	不	
	○富士見丘	チャレンジ体験入試	13:00	要	(受)
		入試説明会	13:00	不	
	○藤村女子	個別相談会	13:00	要	
	○普連土学園	入試説明会	10:00	不	
	◎文教大学付属	学校説明会	14:00	不	
	◎明星学園	入試説明会	14:00	要	
	◎横須賀学院	学校案内日	10:30	不	
		入試問題体験会	10:30	要	(受)
	○横浜富士見丘学園	四科対策演習	9:00	不	
	◎立正	学校説明会	14:00	不	
	○和洋九段女子	ミニ説明会	10:00	要	
	○和洋国府台女子	学校説明会	10:00	不	
8日(日)	○北豊島	入試説明会	10:00	要	
	◎共栄学園	受験対策講習会	9:30	不	
	●京華	入試説明会	9:00	不	
	◎桜丘	入試体験会	9:00	要	
	○聖徳大学附属女子	学校説明会	10:00	要	
	◎千葉国際	入試説明会	10:00	不	
	◎千葉明徳	個別相談会	10:00	要	
	◎帝京八王子	適性検査模試	11:00	不	
	●東京都市大学付属	入試説明会	10:00	不	
	●獨協	入試説明会	10:00	不	
	○中村	学校説明会	10:00	要	
	●日本学園	入試体験	8:30	要	
9日(月)	○愛国	学校説明会	10:00	不	
			14:00	不	
	○川村	入試対策講座	13:00	要	(受)
	◎関東学院	入試説明会	10:00	不	
	◎公文国際学園	入試直前個別相談会	9:00	不	
	●佼成学園	学校説明会	13:30	不	
		入試体験会	14:30	不	
	○昭和女子大学附属昭和	学校説明会	10:00	不	人見記念講堂
	●聖学院	入試説明会・学校説明会	10:00	不	
	◎聖ヨゼフ学園	学校説明会	10:00	不	
	●高輪	入試説明会	10:00	要	
	◎多摩大学附属聖ヶ丘	学校説明会	10:00	不	
	◎貞静学園	学校説明会	14:00	不	
	◎東京都市大学等々力	学校説明会	10:00	要	
	●藤嶺学園藤沢	入試直前説明会	10:30	不	
	○トキワ松学園	算数勉強教室	14:00	要	(受)
		入試説明会	14:00	要	
	●武相	入試説明会	10:00	不	(保)

1月	学校名	行事名	時間	予約	備考
21日(土)	◎アレセイア湘南	学校見学・個別相談日	10:00	要	
	○北鎌倉女子学園	ミニ説明会	10:00	要	
	○京華女子	個別相談会	10:30		
	○光塩女子学院	学校見学会	10:30	要	
	○晃華学園	ミニ入試説明会	10:00	不	
	○瀧野川女子学園	説明会&相談会	14:00	不	
	◎東京成徳大学	学校説明会	10:30	不	
	◎東京都立白鷗高等学校附属	学校公開	9:30	不	
	○日本橋女学館	入試直前情報会	14:00	不	
	○富士見	学校見学会	14:00	要	
	◎宝仙学園共学部理数インター	入試POINT会	14:00	不	
	○緑ヶ丘女子	入試説明会	10:30	不	
	◎横浜隼人	学校説明会	10:00	不	
	○和洋九段女子	ミニ説明会	10:00	要	
22日(日)	●京華	個別相談会	10:30	不	
	○東京家政大学附属女子	学校説明会	11:00	不	
	○文京学院大学女子	学校説明会	10:00	不	ホール
			13:30	不	ホール
26日(木)	●明法	入試説明会	10:30	不	
	○横浜富士見丘学園	学校説明会	10:00	不	
			18:00	不	
27日(金)	◎かえつ有明	個別相談会	9:00	不	
	◎横浜翠陵	学校説明会	10:00	要	㊗
28日(土)	○成女学園	一般入試直前対策説明会	10:00	要	
	○東京家政学院	キャンパスツアー	11:00	要	
	◎東京都立三鷹	公開授業	8:30	要	
29日(日)	○武蔵野女子学院	学校説明会	10:00	不	

1月	学校名	行事名	時間	予約	備考
14日(土)	◎武蔵野東	学校説明会	10:00	不	
	◎明治大学付属明治	学校見学会	10:00	不	
			13:30	不	
	◎明治学院	学校説明会	14:00	不	
	◎明星	学校説明会	15:00	不	
		面接リハーサル	15:00	要	㊫
	○目黒星美学園	学校見学会	13:30	不	
		学校説明会	14:00	不	
	●安田学園	入試説明会	14:30	不	
	◎山手学院	ミニ説明会	10:00	要	
	○山脇学園	入試個別・ミニ説明会	9:00	不	
	●横浜	学校説明会	10:00	不	
	○横浜女学院	学校説明会	10:00	要	
	◎和光	入試説明会	13:30	不	
15日(日)	○川村	入試対策講座	13:00	要	㊫
	○神田女学園	入試説明会	10:00	不	
	○共立女子第二	入試体験	9:30	要	㊫
	○京華女子	入試説明会	10:30	不	
	◎国士舘	入試説明会	10:00	要	
	○戸板	直前ガイダンス	10:30	不	
	◎日本工業大学駒場	学校説明会	14:00	不	
	○日本橋女学館	入試直前情報会	10:00	不	
	●明法	入試説明会	9:00	不	
		入試体験会（小6生限定）	9:00	要	
	◎目黒学院	入試問題解説会	10:00		
	◎横浜翠陵中学	模擬入試	9:30	要	
16日(月)	◎国士舘	授業見学会	13:10	要	
17日(火)	◎聖セシリア女子	学校見学会	10:00	要	
	○三輪田学園	ミニ学校説明会	10:00	要	㊗
18日(水)	●武相	夜の説明会	19:00	要	㊗

Pronunciation Workout for Japanese Learners of English♪

英語 発音の達人ワークアウト「ENGLISHあいうえお」

DVD VIDEO

DVD No.GE41D-S
全2枚セット 15,750円
トータル約230分
(税込、送料別)

◎企画・監修／静　哲人 ◎撮影協力／関西大学英語教育連環センター(e-LINC)

★「日本語」を積極的に活用した、全く新しい発音トレーニング！
★これであなたも英語口(くち)！

日本語の「アイウエオ」を積極的に活用した英語発音トレーニングDVDの登場です！英語発音がみるみるうまくなる自学自習用DVD! また、毎回の授業で5分間ずつ見せて練習するというような使い方も出来、柔軟に活用していただけます。目からウロコの発音トレーニングDVDです！

静　哲人(しずか てつひと)　◎関西大学 外国語教育研究機構／大学院外国語教育学研究科 教授

なお、併設の関西大学第一中学校でも授業を担当するなど教室現場で有効な教授法を常に模索している。大妻中高校、大妻多摩高校、福島工業高専を経て現職。コロンビア大学MA、レディング大学Ph.D.著書に「英語授業の大技小技」「英語テスト作成の達人マニュアル」他多数。

本編とは別に各巻に英語教師の方へ向けた「エクササイズの趣旨(約15分)」を収録。各エクササイズの目的や意義など丁寧に解説します。

主な構成　各Unitには7～8個のstepがあり、それぞれ目的を持ったExerciseを行います。

各ユニットでのターゲットは次の通りです。

★Disc 1 (約120分)
- Unit 1　s, z, & t
- Unit 2　f
- Unit 3　v
- Unit 4　voiceless th
- Unit 5　voiced th
- Unit 6　L & R

★Disc 2 (約110分)
- Unit 7　n-linking
- Unit 8　テーマ 語末子音の非開放
- Unit 9　子音連結
- Unit 10　アもどき
- Unit 11　英語で謳おう
- Unit 12　物語の朗読

☆Bonus Unit
ウラシマタロー & Momma Tarot oh! (桃太郎)

01. English アイウエオ Exercise
なじみのある日本語の50音に似た形式をつかって、英語の子音に注意を集中して練習します。

02. English 五七五 Exercise
敢えて日本語の文を題材にして英語の音を練習します。これは発想の転換によるトレーニングです。

03. カタカナ英語Exercise
日本語モードと英語モードをコードスイッチングさせる斬新なトレーニングです。

04. 言い分け聞き分けExercise
似ているけれど違う２つの音を発音し分け、また聞き分ける練習をします。自分で発音し分けられれば、聞き分けることもできます。

05. English 三三七拍子Exercise
ターゲット音をすばやく何度も発音する練習をしましょう。正確に、かつすばやく言わなければなりません。

06. きちんとすらすらExercise
ターゲット音を、文のなかで練習します。ひとつひとつの音をきちんと発音するよう気をつけてください。リズムにも注意を払いましょう。

07. Telephone Number Exercise
今度は電話番号を使ってのターゲット音のトレーニングです。

08. 決まり文句Exercise
今度はミニ会話の中でターゲット音を練習します。

09. Englishアイウエオ a la 演劇部
演劇部の発声練習風「イングリッシュあいうえお」でUnitの練習を締めくくります。

ジャパンライムのホームページ　http://www.japanlaim.co.jp　メール会員登録募集中！

お申し込み方法
- 送料は何巻でも525円となっております。ご希望のDVD No.を指定し、電話かハガキ、もしくは、FAXにてお申し込みください。
- 表示価格は消費税込みの価格です。
- ホームページからのお申し込みもできます。

[記入例]

DVD No.
お名前
ご住所／TEL
お勤め先／TEL

お支払い方法
- 到着日指定の「代金引き換え」の宅急便でお送りしております。
- 学校公費及び教育機関、また個人研究費などでご購入の場合、必要書類は、担当者までお申し付けください。
- 半年後の一括支払い(金利無し)及び、月々3,000円からの分割支払いも可。(個人購入のみ、クレジット扱い)
- カード(JCB、VISA、AmericanExpress、MASTER、DC、UC、UFJ、NICOS、イオンクレジット、ダイナース、クレディセゾン、東急TOP&カード)もお取り扱いできます。(分割も可)

●お申し込みお問い合わせはお気軽に！
JLG ジャパンライム株式会社
03(5789)2061(代)
〒141-0022 東京都品川区東五反田1-19-7
FAX.03(5789)2064

中学受験 合格アプローチ 2012年度版

入試直前　必勝ガイド

あとがき

いよいよ入試が近づきました。まさに正念場のこの時期、保護者のみなさまにとっても胃の痛むような日々ではないでしょうか。

この本は、そんな保護者、受験生のために「入試直前期」にスポットをあてて編集されました。

これまで、中学受験に取り組んできた受験生。見守ってきたお父さま、お母さまなら、だれもが「合格」を手にしたいのは当たり前、神にも祈りたいといった心境でしょう。

でも、ほんとうの「ゴール」はもっとさきにあるはずです。

そのことに思いを馳せることができる保護者のかたは、お子さまにも余裕を持って接することができます。

あたたかい笑顔での言葉がけが、どんなにお子さまを勇気づけるかわかりません。これからの時期はお子さまに「安心感」を与えつづけることが大切です。どうか、家族みんながおおらかな気持ちで、肩を組んでゴールへと飛びこんでください。

「中学受験」をつうじ、お子さまにもご両親にも、すばらしい成果がもたらされることを祈ってやみません。

『合格アプローチ編集部』

営業部よりご案内

『合格アプローチ』は首都圏有名書店にてお買い求めになれます。

万が一、書店店頭に見あたらない場合には、書店にてご注文のうえ、お取り寄せいただくか、弊社営業部までご注文ください。ホームページでも注文できます。送料は弊社負担にてお送りいたします。代金は、同封いたします振込用紙で郵便局よりご納入ください。（郵便振替 00140-8-36677）

ご投稿・ご注文・お問合せは

株式会社グローバル教育出版

【所在地】〒101-0047
東京都千代田区内神田2-4-2 グローバルビル

【電話番号】03-3253-5944（代）（合格しよう）

【FAX番号】03-3253-5945

URL:http://www.g-ap.com
e-mail:gokaku@g-ap.com

合格アプローチ　2012年度版
中学受験直前対策号
入試直前　必勝ガイド

2011年11月10日初版第一刷発行

定価：本体 1,000 円 + 税

●発行所／株式会社グローバル教育出版
〒101-0047 東京都千代田区内神田2-4-2 グローバルビル
電話 03-3253-5944（代）　FAX 03-3253-5945
http://www.g-ap.com　郵便振替 00140-8-36677

ISBN978-4-903577-41-8

C0037 ¥1000E

定価：本体1000円＋税

1920037010003